JN097973

看護学部・医学部・看護就職試験小論文対策を10日間で完成させる本

増補改訂版

牛山恭範

Contents

もくじ

Contents

もくじ

第五章 看護・医療系小論文の勉強法

第六章 2年連続で「日本一」を輩出する塾長が教える高得点の秘訣

第七章　心構えと注意点

おわりに

はじめに

Introduction

本書の読み方

赤などの色付きのペンをご用意ください。

本書を読み、参考になりそうな部分に線を引いてください。

二度目に読む際には、線を引いたところだけを読んでください。そうすれば、二度目は、10分程度で読むことができるはずです。

このようにして、少なくとも本書を3回は読みましょう。

本書では、10日間で、あなたが希望する試験に合格することを目指します。

合格のためには、重要事項を記憶する必要があります。

記憶のためには、繰り返しが大切です。

このようにして、時間をかけずに記憶していきましょう。

本当にわずか10日で、小論文の対策を完成させることができるのか

私は今まで多くの受験生を合格に導いてきました。そして、全国模試2年連続日本一輩出、小論文の成績について、偏差値87・9、全国TOP10位以内多数などの実績があります。また、看護学校の外部講師として、私は『看護師の病院への就職支援』をしてきました。また、私は慶應義塾大学進学対策専門塾を運営し、慶應大学に複数学部合格していただいています。東大医学部や慶應の医学部に合格したクライアントもいます。

多くの生徒の小論文を見てきて、言えることがあります。**例えド短期であっても、きちんとした指導を受ければ、ダントツの成績を実現することができる**ということです。対策というのは何事も、ダラダラ時間をかければよいというものではありません。私のクライアントには、慶應法学部に約10日で合格した人物もいれば、7日間だけでマスターするという小論文講座を受講して慶應大学に合格した人もたくさんいます。

なぜこのようなことができてしまうのでしょうか。その理由は、小論文試験が、あくまでも相対評価の試験だからです。生物や物理、数学のテストは絶対評価の試験であり、部分点を積み重

ねることで高得点を得ることができます。しかし、小論文試験は違います。小論文試験は、あなたと他の人の答案が比べられ、優れている人に高い点数がつけられます。

言い換えれば、他の人よりも優れている答案であれば、あなたの評価は大きく向上するということです。

（それができないから困っているんじゃないか）とあなたは感じるかもしれません。本書では、小論文試験で評価されるポイントを解説していきます。

私自身、「東大卒、京大卒、東大大学院卒、医師（東大卒）、会計士、博士（東大）、難関国立大出身者、旧帝国大学卒の医師」が集まるＭＢＡコースでＴＯＰの成績優秀者になっています。東大の医学部卒の医師、旧帝大の医学部卒の医師、難関国立大学医学部卒の精神科医などの頭脳明晰なクラスメートの中で、私はトップの成績になりました。私は頭がいい人間ではありません。なぜこんなことができたのかと言えば、私がただ単に小論文講師だからでしょう。私は、論文テストを熟知しています。

本書では、あなたに、論文テストの秘訣を公開していきます。だからこそ、短期間でも成果を出すことができます。実際に私は、短期間の対策で、全く小論文を書くことができなかった人の点数を大きく向上させてきたことが何度もあります。

もちろん、論文テストの対策は、できれば1年前から開始するのが理想です。対策には一般的に時間がかかります。しかし、だからといってド短期で対策ができないことはありません。

本書では即効性の高い部分を伝授しつつ、ド短期だからこそ大切になるポイント、高得点を目指すからこそ大切になる基本的な部分についても、しっかりと解説を行います。

小論文の理論が乱立している

小論文の学習において最も重要な事は、あなたがどのような「小論文の書き方理論」に立脚するかです。今の時代、多くの種類の小論文理論が存在します。

概ね以下のようなものがあります。


【代表的な小論文理論】

①「確かに～しかし」という譲歩構文を使用する書き方
②「原因を書いて対策案を書く」という構文を推奨するもの
③メリットやデメリットを並べ、最終結論に至るもの

ここにご紹介した小論文の書き方は、あまり医療系受験者にはお薦めではありません。

筑波大学のある名誉教授は、市販の小論文本の95％は不適当な内容であると述べています。

【「確かに〜しかし」という譲歩構文を使用する書き方】

この書き方は、有名な書き方です。しかし、この書き方を使用する受験生の8割は大きく失点します。数え切れないほどこの事例を私は見てきました。ほとんどの受験生が使いこなすことができないのです。

この譲歩構文を利用した書き方は、自分とは反対の立場の論者がいなければあまり意味がありません。また、反論を加える際には、自分とは反対側の論者の論拠を崩す必要があります。単にこの構文に文章をはめても、説得力がある文章にはなりません。

譲歩構文を利用する人は、有名教授が推奨している書き方なので大丈夫だと思っていることが少なくないのですが、文章が上手い人が書いた文章と素人の文章は違います。

模範解答などでは、巧みに文章が設計されているため不自然さはありませんが、受験生は構文にはめることだけを考えるので、かなり印象が悪化した文章を書きがちです。

加えて言えば、この書き方は商業教育の中で生まれたものであり、スタンダードな論文の書き方とは言いにくいものです。本来論文執筆において、譲歩することで説得力が高まるなどということはなく、さらに、譲歩構文は論文の書き方の基本ではありません。

【「原因を書いて対策案を書く」という構文を推奨するもの】

この書き方はここに提示した中でも最大級に点数が下がりがちな小論文の書き方です。ちょうどなぜ点数が下がるのか、理由を私の本で解説しているので、引用します。

引用開始

【原因を適当に推測で書き、恣意的に解決策を述べる書き方の問題点】

(1) 論理的に弱い。(自説を支える論拠が薄弱)
(2) 仮説の連発になる。(述べていることが憶測でしかない)
(3) 原因が違った場合に、目も当てられない。
(4) 事実をベースとせずに恣意的に考察している。(非論理的思考の持ち主、論理思考ができない受験生というレッテルを貼られる)
(5) 原因が分かったとしても対策案は複数あるにも関わらず適当に提案。
(6) 原因はそもそも何十、何百とあるため、あえて1つの原因を指し示すこと自体が、ナンセンスであるため。(発言に新規性も無い)
(7) 一論文一中心命題の原則から外れる。(原因は仮説にすぎないため主張となる)

⑻　そもそも、原因と「本質的な問題点」は別物である。

※（総）はこの本質的な問題点を見極める能力があるかどうかを問う問題が多い。

このように多くの問題点が存在するため、原則として「原因を書いて解決策を書く」という小論文の書き方は論外である。ただし、設問でこのような書き方を求められた場合はこの限りではない。「何が原因であるかを考察した上で、解決策を述べよ」という指示がある場合、単に目の付け所の良さを見るだけの問題か、資料が与えられており、資料について論理思考をさせる問題である。その他、あなたが何らかの一次情報（自分が最初に取得した何らかのデータなど）を利用することで、問題の性質を明らかにするなど、研究計画書を書くのと似た考え方をさせる問題も近年慶應SFCで頻出である。

――――――――引用終了――――――――

拙著『牛山慶應小論文7ステップ対策より引用』

【メリットやデメリットを並べ、最終結論に至るもの】

メリットやデメリットを並べるのがよいという指導もあるようですが、医療系の小論文を書く際にこの書き方を使用すると印象が悪化します。

メリットやデメリットを述べるやり方をプロコンなどと呼びます。

これはpros and consの略であり、賛成や反対、メリットやデメリットを並べる意思決定法です。このプロコンは、投資効率を判断するため、功利主義的な価値観から物事を考察する手法として生まれました。そのため、福祉を考察しなければならない政治の分野や、法学、倫理が大切な医学の分野には適しません。

高得点の小論文の構成

多くの小論文の書き方が減点につながるのであれば、どのように書けばよいのでしょうか。

ここで大事なことは、「書き方と考え方をセットにしない」ということです。ここまでにご紹介した書き方は、全て「書き方と考え方がセットになっているもの」と言っても過言ではないものです。

小論文は、考えた後に書きます。

書き方と考え方がセットになっている場合、書き方にそって考えるということを受験生はやってしまいます。

言い方を変えれば、このような現象はほとんど何も考えずに、「書け」と言われたものを書いているようなものです。

「ここであなたが思う原因を書いてください」とか、「ここで確かにと書いてください」とか、「ここでメリットをなんでもいいので書いてください」などと言われれば、簡単に誰でも書くことができるでしょう。

簡単なはずです。論理的な整合性も、物事の妥当性も考えずに書くわけですから、何も難しくはありません。しかし、考えずに書いているということは、非論理的なことを書いてしまっているということです。このようにして、ほとんど何も考えずに頭を使わずに書くやり方は減点につながっていきます。

ここではまず、小論文の構成についてご紹介します。

小論文の構成は以下の内容で書きます。

ここでご紹介する構成は、世界共通です。

【高得点の小論文の構成】

第一段落……問題設定
第二段落……意見提示
第三段落……理由・データ
第四段落……結論

この４つの段落で書けば、ほとんどの論述問題で高い点数を取ることができます。この４つを、上から順番に、頭文字をとって、モンイリケツ（問意理結）と覚えます。

小論文の実績

小論文の実績については、書いた場合、「自慢ばかりしやがって」と批判を受けます。書かない場合、「何の実績も無いくせに」などと批判を受けます。そこで、どちらにしても批判を受けるのであれば、書いて読者の不安を取り除いた方がいいと私は考えます。以下に小論文の実績をご紹介します。

合格事例

東京大学
医学部合格

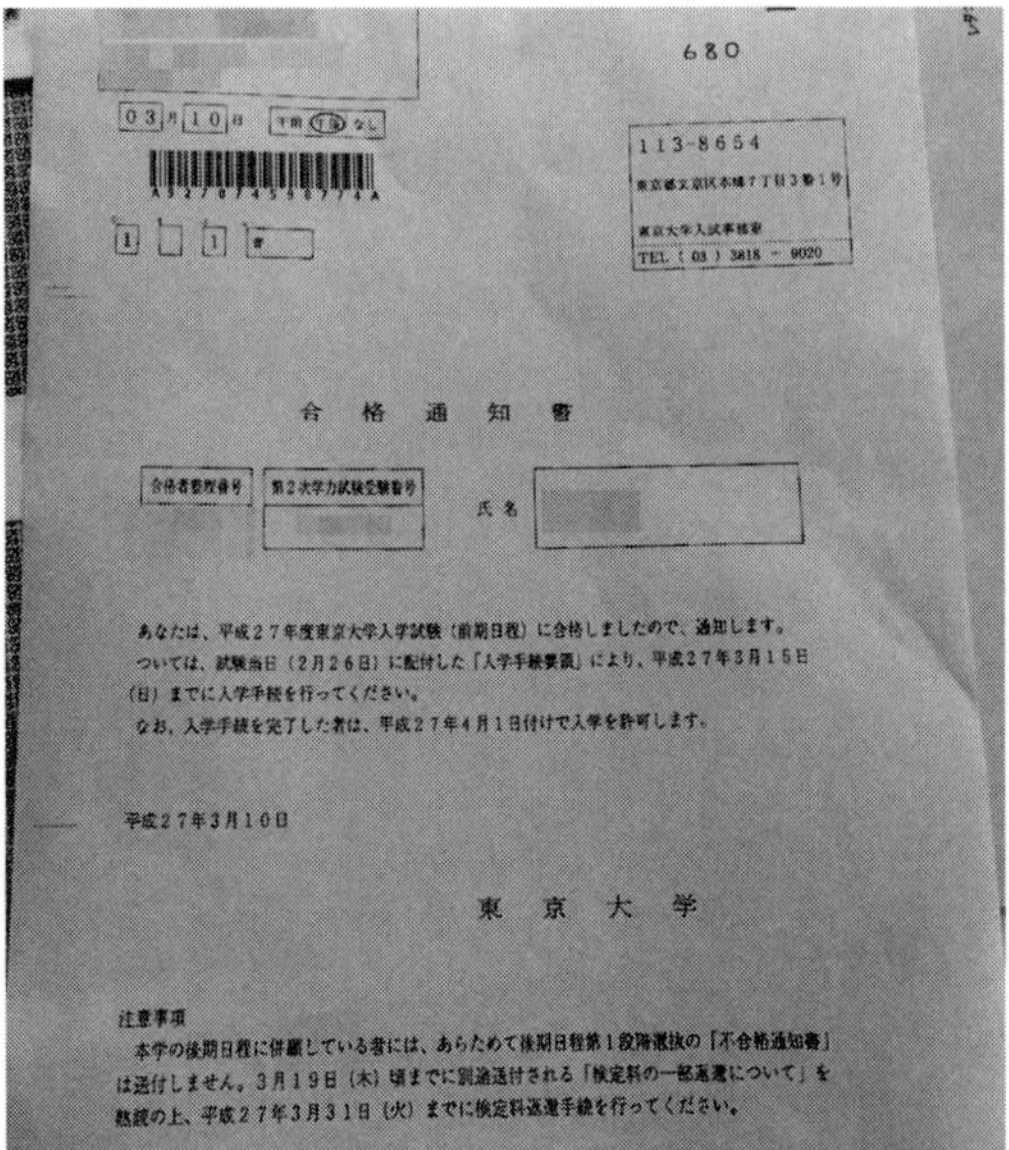
680

03月10日

113-8654
東京都文京区本郷7丁目3番1号
東京大学入試事務室
TEL（03）3818 － 9020

合　格　通　知　書

合格者整理番号	第2次学力試験受験番号	氏名

あなたは、平成２７年度東京大学入学試験（前期日程）に合格しましたので、通知します。

ついては、試験当日（2月２６日）に配付した「入学手続要項」により、平成２７年３月１５日（日）までに入学手続を行ってください。

なお、入学手続を完了した者は、平成２７年４月１日付けで入学を許可します。

平成２７年３月１０日

東　京　大　学

注意事項
本学の後期日程に併願している者には、あらためて後期日程第１段階選抜の「不合格通知書」は送付しません。３月１９日（木）頃までに別途送付される「検定料の一部返還について」を熟読の上、平成２７年３月３１日（火）までに検定料返還手続を行ってください。

合格事例

慶應大学
医学部合格

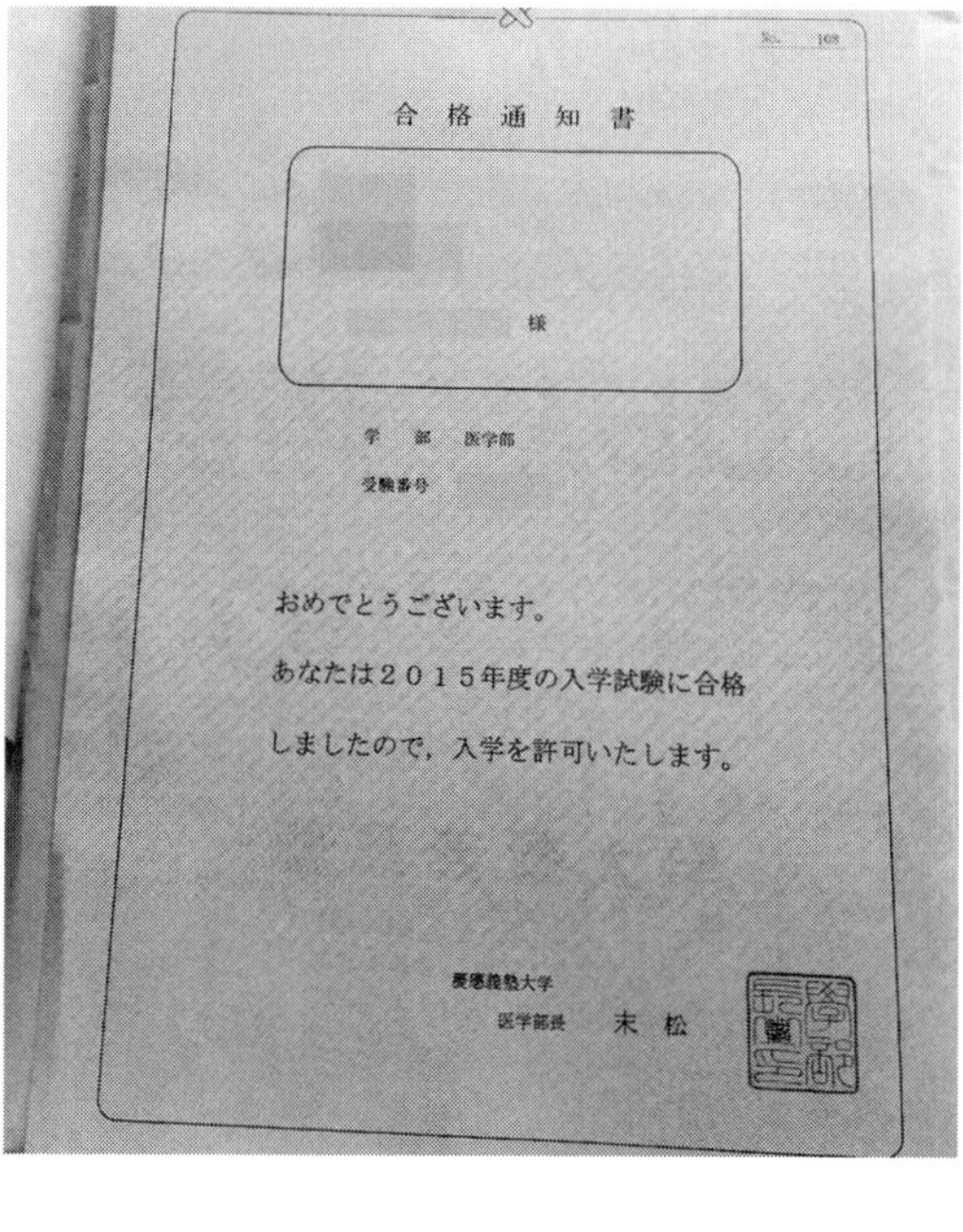
合 格 通 知 書

様

学 部 医学部

受験番号

おめでとうございます。

あなたは２０１５年度の入学試験に合格

しましたので，入学を許可いたします。

慶應義塾大学

医学部長 末 松

小論文日本一の事例

入塾後に実力アップ！

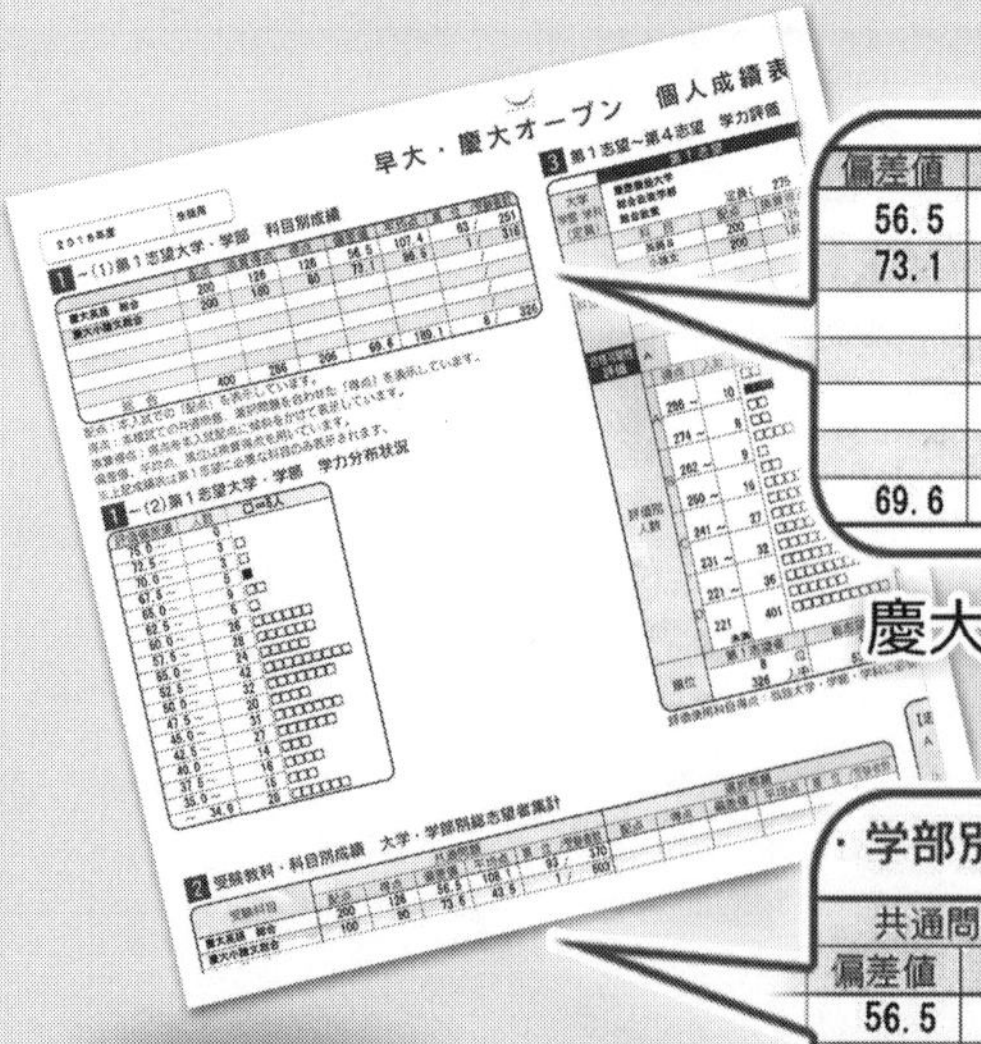

偏差値	平均点	順　位　/受験者数
56.5	107.4	63 /　251
73.1	86.5	1 /　316
		/
		/
		/
		/
69.6	189.1	8 /　326

慶大小論文総合1位

・学部別総志望者集計

共通問題		
偏差値	平均点	順　位　/受験者数
56.5	108.1	93 /　370
73.5	43.5	1 /　503

大学・学部別総志望者集計　総合1位

同生徒の慶應大学合格証書

小論文日本一の事例2 偏差値87.9

入塾後に実力アップ！

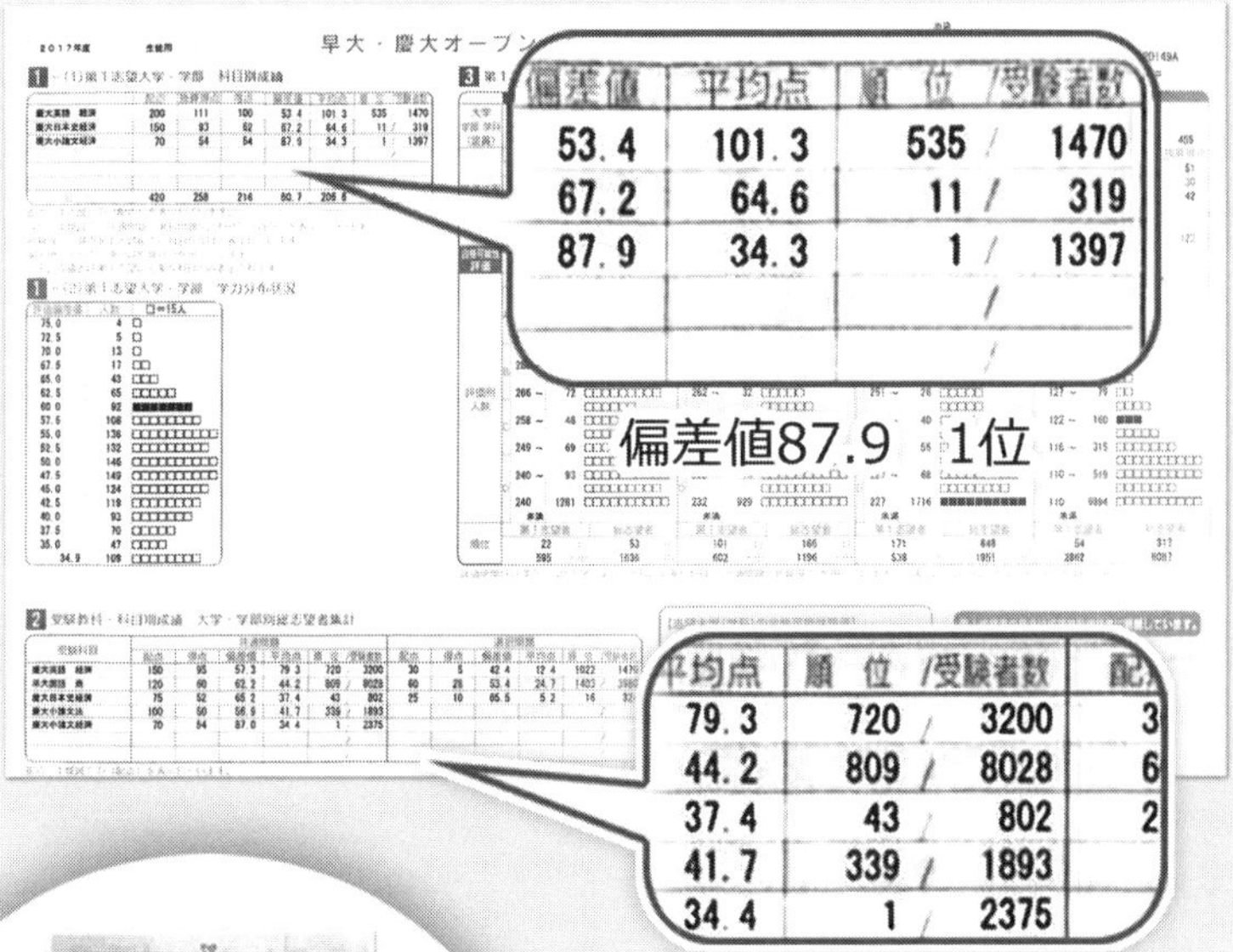

偏差値87.9　1位

大学・学部別総志望者
集計　1位

同生徒の慶應大学合格証書

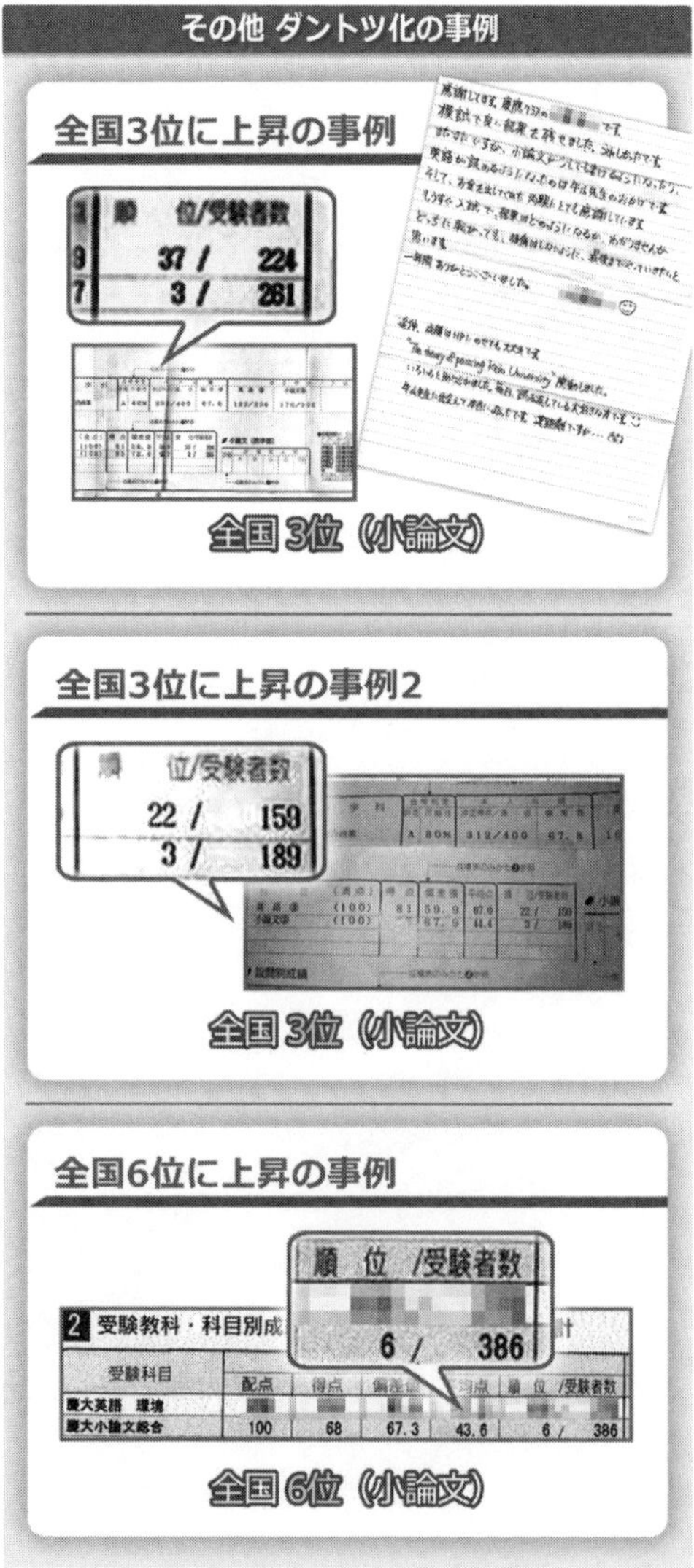

詳しく内容を見たい方はこちらのＱＲコードを読み込んでください。

大きく点数を伸ばせば、安定して合格することができます。私は慶應大学進学対策専門塾を運営しています。日本トップのレベルまで、私は今まで生徒の点数を引き上げてきました。あなたの小論文の点数も大きく伸ばします。

就職試験対応

本書の内容は、就職試験も対応しています。病院へ就職する際に課される小論文テスト対策としても、本書をご活用ください。

ここには掲載していませんが、就職のための小論文指導でも、多くの実績があります。評価はどのような試験でも、構成、内容、表現、発想、理解などの部分点に加え、論理や共感によって決まる仕組みがあります。本書では、これらの点数に直結する部分について解説します。

第一章

Chapter 1

看護・医療関係の小論文の特徴

医療・看護系は、小論文のルールが違うことに注意

医療・看護系の小論文（医学部・看護系学部・医療系小論文について、以下同様に、「医療・看護系の小論文」と記述します）は、他の一般的な小論文と、ルールが違います。

小論文はどのように書くべきなのでしょうか。この点については、様々な書き方に関する理論が乱立しています。注意しなければならないのは、これらの多くの小論文の書き方は、ほとんどのケースで、「単なるテクニック」であるということです。

書き方と、考え方とテクニックと、ルールを私たちは分けて考える必要があります。念のために一度ここでご紹介しておきましょう。

▼書き方…………主に文章構成
▼考え方…………主に発想方法・分析方法・立論の際の考察方法
▼ルール…………主に文章の不文律（守るべきルール）・規範
▼テクニック……構文・技法

本書で、ここまでの部分でご紹介してきた内容は、「考え方」や「書き方」です。点数に直結するのは、「守るべき小論文のルール」です。

多くの小論文指導が軽視しているのも、この「守るべき小論文のルール」です。また、多くの受験生は、この「守るべき小論文のルール」を軽視しています。そのため、高い点数の小論文を書くことができません。

他の一般的な小論文では、絶対に守るべき文章のルールがあります。

その絶対に守るべき、第一原則とも言える「守るべき小論文のルール」は、一般的に、「一論文一中心命題の原則」と呼ばれるものです。

「医療・看護系の小論文」も、無関係というわけではなく、非常に重要な原則ですので、最初にご紹介しておきます。

小論文の重要原則（高得点の秘密）
【一論文一中心命題の原則】

論文の中で展開される問いは1つであり、論文の中で展開される主張（仮説）は1つでなければならない。

この「一論文一中心命題の原則」について、分りやすく言えば、次のような文章は論文の答案として問題があるということです。

【良くない事例】

私は○○だと考える。
私は○○だと思った。
私は○○だと思う。
（以下この調子で、1つの小論文の中で意見が連発される。）

このような文章を書くと、論文らしからぬ文章になっていきます。論文に限らず、論理的に書く必要がある文章は、文字数が増えても、主張（中心命題：筆者が最も伝えたいこと。）は、1つであるのが理想です。2万字であったとしても、3万字であったとしても、主張は1つでなければならないということです。

この原則を守ることができている答案ほど、論文では点数が高いのです。具体的には、どのように、論文の答案を構成しなければならないのか、後ほど本書では具体的にご紹介していきます。

ところが、「医療・看護系の小論文」は、このような規範（守るべきルール）が、ゆるいと言えるでしょう。厳格な論文の規範が適用されていないと考える方がよいということです。

規範を集めた書籍に注意

小論文には、守るべき規範があります。しかし、ここで注意があります。この守るべき規範を集めた書籍が現在出版されているのですが、内容が不適当であることが少なくありません。「原因を書いた後に対策案を書けばよい」などの指導はその典型です。原因を書いて対策案を書くのが論文の書き方であるなどという指導は世界を見渡しても類がありません。

その小論文の規範を解説した本の中では、平気で点数が下がる小論文の書き方が推奨されていることがあります。従って、小論文の規範について書かれた本は、今のところ買わない方がいいでしょう。

小論文について学びたい方は、手前味噌ですが、私が書いた本を多読するのがお薦めです。

▼『慶應小論文合格バイブル』……………ハイレベルな小論文対策に（慶應以外でも）
▼『小論文技術習得講義』………………小論文が難しいと感じている方にお薦め
▼『小論文の教科書』……………………小論文の基本をしっかり理解
▼『牛山慶應小論文7ステップ対策』…データサイエンス系の問題対策に

合格者は、「書き方がよかった」と勘違いしがち

小論文の書き方に正解はありません。評価される書き方はいくつもあります。しかし、評価される書き方とは、ハウツーのことではありません。評価される文章がいくつも存在するということ

とです。

私達が気にしなければならないことは、原則と例外です。(コレコレの特殊な書き方で書いても合格した事例があるので、コレコレの書き方でもきっと合格できるだろう)という考え方は大変危険です。

合格者がいるということは、イコール素晴らしい書き方であるということにはならないからです。英語が得意なので、合格したというケースもあれば、単に筆力があるので合格したというケースもあります。

このような場合、「小論文の書き方」で失敗していても受かります。

点数が下がっているのに、受かっているのです。

点数が下がっているのに、受かっているわけですから、合格した本人は喜びます。(やっぱり書き方が良かったんだ!)と喜びます。

しかし、書き方が良かったのではありません。才能や状況、努力が結果につながっているだけです。

医療・看護系は論文と作文があわさったような文章でも高い点数を取ることができる

医療・看護系の小論文では、厳格な論文テストが課されているとは考えない方がいいでしょう。

その理由は、趣旨の違いにあります。

法学部や経済学部では、文系の学部であるため、文章がしっかりと書けなければなりません。文系の学部の学生が、文章が下手ということでは、少し問題があります。

また、学部の特性上、文系の学部は論理思考が得意な人間が好まれます。

理系は論理思考が必要ないということではありません。理系であっても、論理思考は大切です。

文系の学部は、受験科目が少ない分、特化した人材が欲しいということです。

受験科目数を減らして人員を募集する理由は、特化することにあります。

小論文の試験に関して言えば、論理的に考察できる度合いが高いのであれば、学科試験の成績が悪くても目をつぶろう……と考える大学もあるでしょう。

このような事情があるため、文系学部では一般的に論文を書くことができる（書く素養がある）学生を欲しています。その結果、どちらかと言えば、学術論文に近い性格の文章を書けば、点数が高くなる傾向があります。

しかし、理系学部では、論文を書くことができる生徒を優先することはやりません。理系学部は、正規の学力がある生徒を学科試験により選抜します。

理系学部が求める優秀な学生は、学科試験によって既に選ばれています。この場合、小論文試験は、チェックテストに近い性格になります。面接の代わりのような機能を果たしていることも少なくないでしょう。

ここでは、必然的に一定程度受験生の人間性や適性を推し量ることが目的になると考えられます。

▼予想される医療・看護小論文の評価基準：「人間性」（医療人としての適性）・「論理思考能力」など（構成・内容・表現・発想）

就職試験の場合はどうでしょうか。

私は経営者ですが、経営者は、第一にチームシップを重視します。その理由は、組織人として活躍できない人はいくら優秀であっても、チーム全体の組織力を低下させるためです。

ところが、多くの就職希望者は、自分がいかに優秀であるかばかりをアピールしてしまいます。

ここにギャップが生まれます。

雇用する側は、「辞めない人材」「仲間とうまくやってくれる人材」を欲しているのですが、就職希望者は、一般的に「いかに自分が優秀であるか」をアピールするのです。アピールする部分がずれていると、採用されません。


このような事情があるため、医療・看護系の小論文では、一論文一中心命題の原則を完璧に守らなければならないというわけでもないと考えておくくらいでいいでしょう。

これは、原則を無視すればいいということではありません。

比較的ゆるやかに論文の規範を守ることが望ましいということです。

優秀答案のご紹介

ここまでにご紹介した「厳格な論文ではなくてもよい」という点について、イメージがわかないと思いますので、解答例をご紹介します。この答案は、私がある看護学校の小論文講師と、小論文添削を引き受けた際に添削した答案です。

改善すべき点はたくさんありますが、非常に素晴らしい答案です。

問題は、「私の看護観というテーマで自由に論じなさい」という問題です。
この問題は、看護師の就職試験の問題です。

【優秀答案】

私が思う看護とは、患者の気持ちに寄り添い患者がかかえる問題に対して誠実に向き合うことだと思います。

なぜなら、看護師は病院の中で一番患者に近い存在だと思うからです。病院に行く、または入院するという行為は非日常的で患者にとってそれはとても不安が大きなことだと思います。そんな中で看護師は患者にかかわりその患者がかかえる疾患の手がかりや問題を見つけていく必要があります。

そのために大切となるのが患者に誠実に向き合うことだと思います。私が精神看護の実習へ行った時、患者とのコミュニケーションに困ったことがありました。すぐに無言になってしまい会話が続かず、無視をされたこともありました。そこで看護師に相談すると、「患者の事を知ろうとしたのか」と聞かれました。私はその時、質問の意味が良くわかりませんでした。そこでもう一度、カルテを見返し、学習を行い、分からない事は看護師に質問しました。すると、私が今まで気づけていなかった問題点を見つけることができ、学習によって新しい視点も見つけることができました。無言や無視もコミュニケーションの中では大きな意味を持っていることや、疾患による症状の出現によって起こっているということを知り、今まで自分は何かをしなくてはいけないという考えにとらわれていて患者がその行為によって何かを伝えているということに気づけていなかったことに気づき、私は「患者をよく観察し何を伝えているのか」「今どのような状況なのか」ということについて、関心をよせることをしました。

このことから、患者に誠実に関わるということは、ただ患者のそばにいたり、話を聞いたりするだけではなく、患者について、しっかりと学習を行ったり、患者にとってどんな事がよりよいのかという事を考えながら患者とかかわっていくことが必要であることを知りました。

患者に誠実に向き合い、よりそい、気持ちをひき出すことによって患者にとってより良い看護を考えていくことが私の看護観です。

※明らかな誤植のみ修正済み

【解説】

この答案には、改善すべき点がたくさんありますが、大変よく書けています。

人事部の人間であれば、採用したくなる答案です。

この答案は、厳密に一論文一中心命題の原則を守って書かれているわけではありません。しかし、トータルでの印象は大変良いものになっています。

このように、必ずしも一論文一中心命題の原則を守らなくても、医療・看護系小論文は、良い答案になる可能性があります。

良い点を挙げれば、次のような点があるでしょう。

▼人間性・倫理観などの観点から、評価できる。

▼変に偉ぶらず、等身大で書いている。

▼看護師という立場に期待されている役割を理解している。

▼職業人として、常に学ぶ態度や姿勢がある。

▼自分を客観視する能力を有している。

▼仕事を通して成長が期待できる。

▼短絡的に結論を得ようとせず、永続的に学ぶ態度や姿勢が見られる。

この答案では、エピソードが論証のための材料となっています。多くのケースで個人的な体験談は、説得力が無いのですが、上手に文章を構成し、今回のように、意味のある内容にすれば、大変印象が良くなります。

この学生については、今後成長が見込まれる有望な人材として見られるでしょう。

このように、試験の趣旨を考え、どのような内容が求められているのかを考えながら書くことも大切です。

この問題については、後ほど別の解答例もご紹介しますが、ここで、１つ目の解答例をご紹介しておきます。


【解答例】


プロとして活躍する看護師であっても、人によって様々な看護観を持っているものである。理想的な看護観とは、どのようなものだろうか。

私の理想とする看護観とは、「医は仁術なり」という言葉を反映した考え方である。ここで述べる仁術とは、単に「思いやり」を大切にするという努力目標のことではない。医療現場で求められる厳しい状況や現実に対処し、医療人として職務を遂行する強さを内包した愛情こそが医療現場で求められる「仁術」であると私は考えたい。

一般的な注射により、アレルギー反応が起こり、皮下出血し、ある患者が死亡した事例を私は聞いたことがある。一本目の注射を打った後に、患者の皮膚がかぶれてただれたような反応があり、その後2本目の注射によりショック反応が起こり、死亡した事例である。このようなケースを避けるために、医療人としてどのような処置が可能であったかを考察することは言うまでもなく重要なことである。しかし、パターンに分けた事例学習だけで、十分かと言えば、そうではない。現実の医療現場では、穏やかに、何事もなく平穏に業務を遂行できる日常が一変することも考えられる。短時間の間に素早く適切な状況判断が必要となることもある。患者の容態が急変する前兆を見逃さず、僅かな異変に気づくこともまた看護師の務めである。このような医療行為が可能となる考え方こそ、「医は仁術なり」という教えだ。この言葉は、単に愛情を持って接することを説いた言葉ではなく、医療の現場で直面する様々なケースについて、最後まで尽力する医療人としての心構えを説いた言葉ではないだろうか。優れた状況判断を行うには、職業人としての経験や知識以外に、強い目的意識が不可欠である。患者の容態の僅かな変化に気づくには、高い意識で職務に望まなければならない。この高い意識を持続させるために大切な考え方こそ、「医は仁術なり」という、目的意識である。

以上、私の看護観とは、職務遂行する強さを内包した愛情を大切にするものである。換言すれば、「医は仁術なり」という言葉を職務の目的意識とする考え方である。

医療人の適性である人間性（特に優しさ）・覚悟（自立性）・頭脳の明晰さ（論理思考）を見せる

医療・看護系の小論文試験で重要なことは3つあります。

▼人間性（特に優しさ）
▼覚悟（自立性）
▼頭脳の明晰さ（論理思考・記憶力）

この3点は医療人の適性と言えます。言い換えれば、高度な医療サービスを提供する際に必ず必要となる能力と言えます。

人間性（優しさ）とは、患者と接する際、医療行為を行う際の配慮につながります。優しさの無い人物が医療従事者となってしまった場合、医療事故が起こりやすくなります。安心・安楽を与えなければならない医療従事者にとって、人間性（特に優しさ）は必須と言えるでしょう。

覚悟（自立性）とは、認識の厳しさのことだと考えましょう。甘えた考えの人物が医療人となってしまった場合、プロとして医療行為が適切に行われない可能性が出てきます。何か問題があった時に責任転化するような人物は、医療人として不適切であると考えられます。薬品などの毒物を扱うプロフェッショナルとして、医師・看護師・薬剤師は、高度な自立性が求められます。

頭脳の明晰さ（論理思考・記憶力）は、医療人に必須の能力と言えます。時として死や重篤な病状・大怪我と向き合わなければならない医療現場では、瞬間的な判断能力が要求されます。臨機応変に優れた判断ができなければなりません。また、医療人は、多くの記憶について、正確に思い出せる必要があります。

小論文試験では、これらの能力が自分に備わっていることをアピールするのが理想です。単に設問で聞かれたことに答えていくだけでは、十分とは言えません。

先程ご紹介した小論文の優秀答案も、優れた人間性や自立性が伺えるものでした。狙って良い人間であることをアピールするのはうまいやり方とは言えませんので、普段から自分の人間性や優しさなどを省みて、より一層素直な心を自分は持つことが出来ているかどうかを考えてみましょう。

専門的すぎる知識は不要

医療・看護系の小論文では、一般的に専門的すぎる知識は不要です。なぜならば、専門知識を吸収するだけの学習力は他の科目でチェックされているためです。

小論文試験は知識チェックに向いていません。そのため、知見を述べるのは構いませんが、「知識を書いているので正解」という考え方は持たないようにしましょう。

日本では、昔から暗記主義的な教育が支配的であり、考える力が軽視されてきました。そのため、知識を書いているのだから、高く評価されるに違いないと考える人がいます。論文テストでは、そのようなことはありません。

また、専門的すぎる知識は不要と述べると、過剰に反応し、「牛山は医学部を受験するのに本を読まなくてもいいと言っている」などと、極論を持ち出し、批判する人がいますが、私は一度もそのようなことは述べていません。事実を捻じ曲げて考えないようにご注意ください。

小論文試験は、考えた内容を書く試験です。そのため、知識は答案に盛り込んで構いませんが、あくまでも考察のための材料として書くのが理想です。メインは考察であり、知識はサブだと考えましょう。

大学受験、専門学校の受験にせよ、就職試験にせよ、昨今の医療情勢など最低限の知識は必要です。

医療・看護系小論文対策としてどのように情報収集すべきか

医療・看護系小論文対策として、私がお薦めする書籍は、以下のようなものです。

【小論文の本】

▼『小論文技術習得講義』……非常に簡単に書かれた本。難しいことが嫌いな人向け。

▼『小論文の教科書』…………比較的堅めに書かれた本。解法中心。

【医療系の本】

もし十分な時間があるなら、以下のような本を読むことをオススメします。

『先端医療のルール　人体利用はどこまで許されるのか』ぬで島次郎著（講談社現代新書）
『インフォームド・コンセント 医療現場における説明と同意』水野肇著（中公新書）

ただ、これらの本は、読めばいいというものではありません。読んでも、人によって理解度や応用度に大きな差があるでしょう。さらに、これらの本を読むには、ある程度時間もかかります。そこで、私がオススメするのは、ネット検索で情報収集することです。

ネット検索であれば、ピンポイントで重要な論点が出てきます。そのポイントをノートに書き取りましょう。

さらに、覚えるべきポイントについて、カードに書き出しましょう。カードづくりの例は後ほどご紹介します。

【検索して欲しい問い】

・「医療」「人体利用」
・「科学的な考え方」
・「インフォームド・コンセント」
・「日米」「医療制度」「比較」「違い」

・「心臓移植」「倫理」
・「脳死」「死か」
・「医療福祉」
・「少子高齢化の問題点」
・「高齢化社会」「医療」
・「心の豊かさ」
・「生命の尊厳」
・「尊厳死」
・「医療人」「どうあるべきか」
・「クローン技術」「倫理」
・「延命治療」

大事なことは、これらの検索ワードで検索し、調べた内容が「答え」ではないということです。あくまでも、考え方の1つと捉えましょう。

第二章

Chapter 2

看護・医療系小論文の書き方

小論文の書き方：「構成」・「型」

小論文の書き方は、医療系であっても同じです。原則として、論文の書き方は世界共通です。論文は、序論、本論、結論で書くものです。

本書の冒頭でご紹介した書き方を念のため再度掲載します。

【高得点の小論文の構成】

第一段落………問題設定
第二段落………意見提示
第三段落………理由・データ
第四段落………結論

頭文字をとって、モンイリケツと覚えましょう。

小論文の書き方を理解する際に、構成や型と、構文を分けて考えることが大切です。小論文の書き方というテーマで調べると、多くのケースで、構文がヒットします。構文とは以下のようなものです。

【構文の事例】

▼確かに〜しかし……などと書く。
▼原因を書いて対策案を書く。

このような書き方は、文章の基本的な型ではなく、テクニックに近いものです。まとめると次のようになります。

【あなたが気にしなければならない内容】

▼点数が上がる…………序論・本論・結論やモンイリケツ
▼点数が上がりにくい……構文

なぜ特定の構文を使用すると、点数が下がりやすいのかについて、忘れてしまった人は、本書の最初の部分を読み直しましょう。

注意すべき「論じる問題」と「述べる問題」

小論文には、大きく2つの問題があります。「論じる問題」と「述べる問題」です。「論じる問題」については、ここまでにご紹介した問題設定↓意見提示↓理由↓結論でＯＫです。「述べる問題」は、説明問題が多いので、原則としては、説明する問題だと捉えてもいいでしょう。

▼論じる問題……自分の意見を理由とセットで述べる。
▼述べる問題……理由は必ずしも無くてよい。

これらの2種類の問題の見分け方は、簡単です。設問の要求が、「○○について、論じなさい。」となっているか、それとも「○○について述べなさい。」となっているかで見分けましょう。

小論文の書き方：ピラミッドストラクチャー

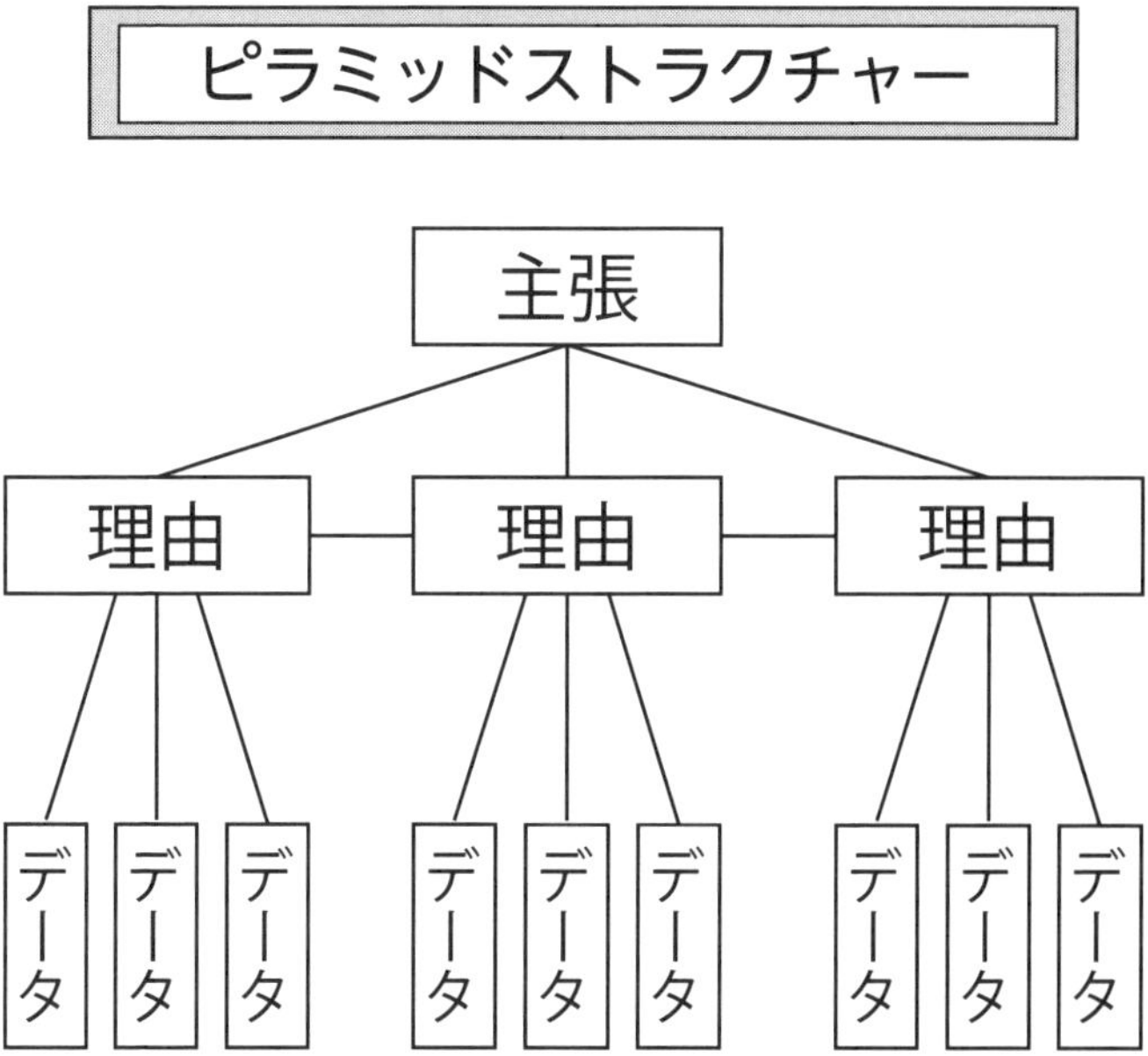

ポイント もれなく重複なく

ピラミッドストラクチャーという言葉を聞いたことがあるでしょうか。ピラミッドストラクチャーとは、上の図のように、自分が書いた意見（仮説）が、3つの理由によって支えられており、その理由が、各種データによって支えられている文章構成のことです。

ピラミッドストラクチャーは、以下のような文章になります。

【ピラミッドストラクチャーの使用イメージ】

私は○○だと考える。理由は大きく3つある。第一の理由は、○○である。

あとは、詳しく書いていくだけです。ピラミッドストラクチャーは、大変強力な書き方です。なぜならば、論文は、論理的かどうかで評価されるためです。一般的に医療系であっても、筋が通っていることを述べれば、評価が高まります。

支離滅裂で、非論理的な物言いは、評価の対象にはなりにくいということです。

医療・看護系の小論文では、単に論理的なだけでは、評価が高まりません。

しかし、論理的ではないものは、論文ではありません。多くの受験生は、構文に文章をはめることに腐心しているため、非論理的な文章になってしまっています。

そのような状況の中で、理路整然と書かれた文章がある場合、大変印象が良くなります。

小論文はいかにかっこうをつけることができているかの勝負ではありません。

納得してもらえるかどうかの勝負です。

中には、「○○だと考える」という表現は、かっこうがいいわけではないので、ダメだと教えている人もいるようです。

しかし、私の生徒は、「○○だと考える」と書いて、全国で1位になっています。当たり前です。

論文試験は、仮説を述べる試験なのです。

言い切る方がかっこいい感じがするというだけの理由で、意見を断定的に述べれば、論理に飛躍が生まれ、（この人は自分の思考を客観視できない人だ）と思われるのがオチです。

下手に自分流でカッコがいい感じを追い求めるくらいならば、ピラミッドストラクチャーを使うのが無難です。

ここで、ピラミッドストラクチャーは構文ではないのかという疑問がある人もいるかもしれません。ピラミッドストラクチャーは、その名前の通り、構成のことです。

このピラミッドストラクチャーは、論理の原理原則や、プレゼンテーションの原理原則にかなった書き方です。

何らかの仮説を文章の中で述べ、読み手に納得してもらいたい場合、ピラミッドストラクチャーは、原則として、最も強力な書き方と言えます。

少し勉強を深めるために、簡単に理由も含めて、解説します。

仮説を支える論理構造は、原則として、論拠であることが望ましいと覚えておきましょう。

小論文を書く際に、根拠（データ）を具体的に書いていく指導を推奨するものもあるようです。

しかし、データを書き、仮説を支えようとすると、論理に飛躍が起きやすくなります。これは、論理の原理原則です。

「彼は容姿に恵まれているので、恐らくもてるだろう」という意見は、比較的説得力があります。しかし、「彼はもてるだろう。彼のことを好きと言っている女性がいた。」という論理では、本当にもてるのかどうか分かりません。

このように、論理は一般原則により仮説を支える方が説得力が増すという原理原則があります。


ピラミッドストラクチャーでは、自説を論拠（理由）で支えます。そのため、必然的に説得力が出るのです。

また、人は一般的に、多くの理由を説明されると頭が混乱してしまい、物事がよく分からなくなります。そのため、多くても理由は3つまでが良いと言われています。理由は、1つだけより、2つある方が説得力が出ます。2つより、3つの方が説得力が出ます。

ピラミッドストラクチャーで文章を書く際には、理由だけではなく、データも書くようにしましょう。

もしもあまり書くことがない場合、このピラミッドストラクチャーで文章を書けば、原稿用紙も埋まりやすくなります。

論拠と根拠の違い

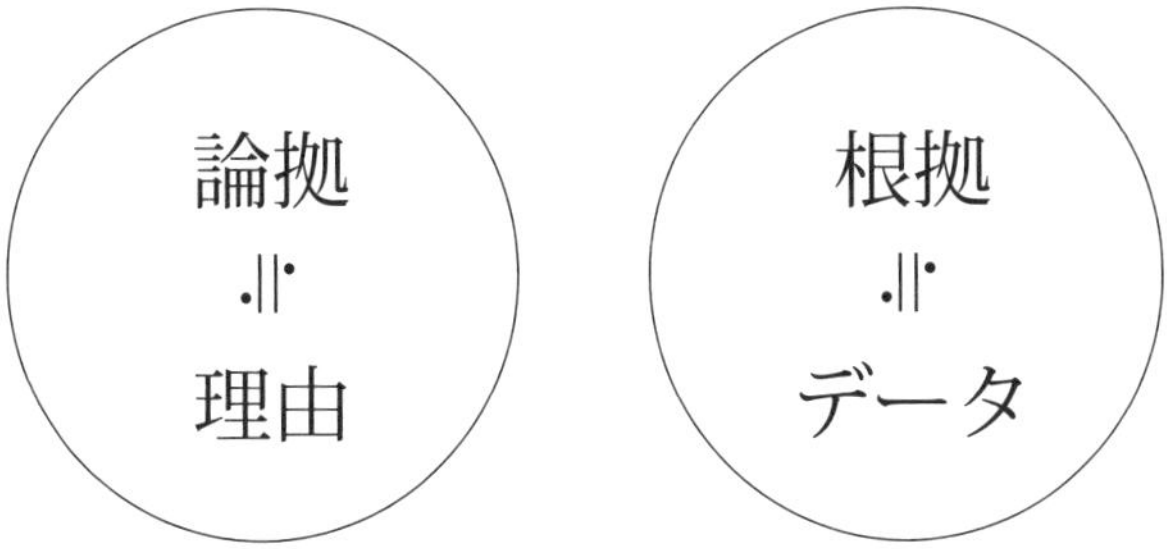
論拠
≒
理由
根拠
≒
データ

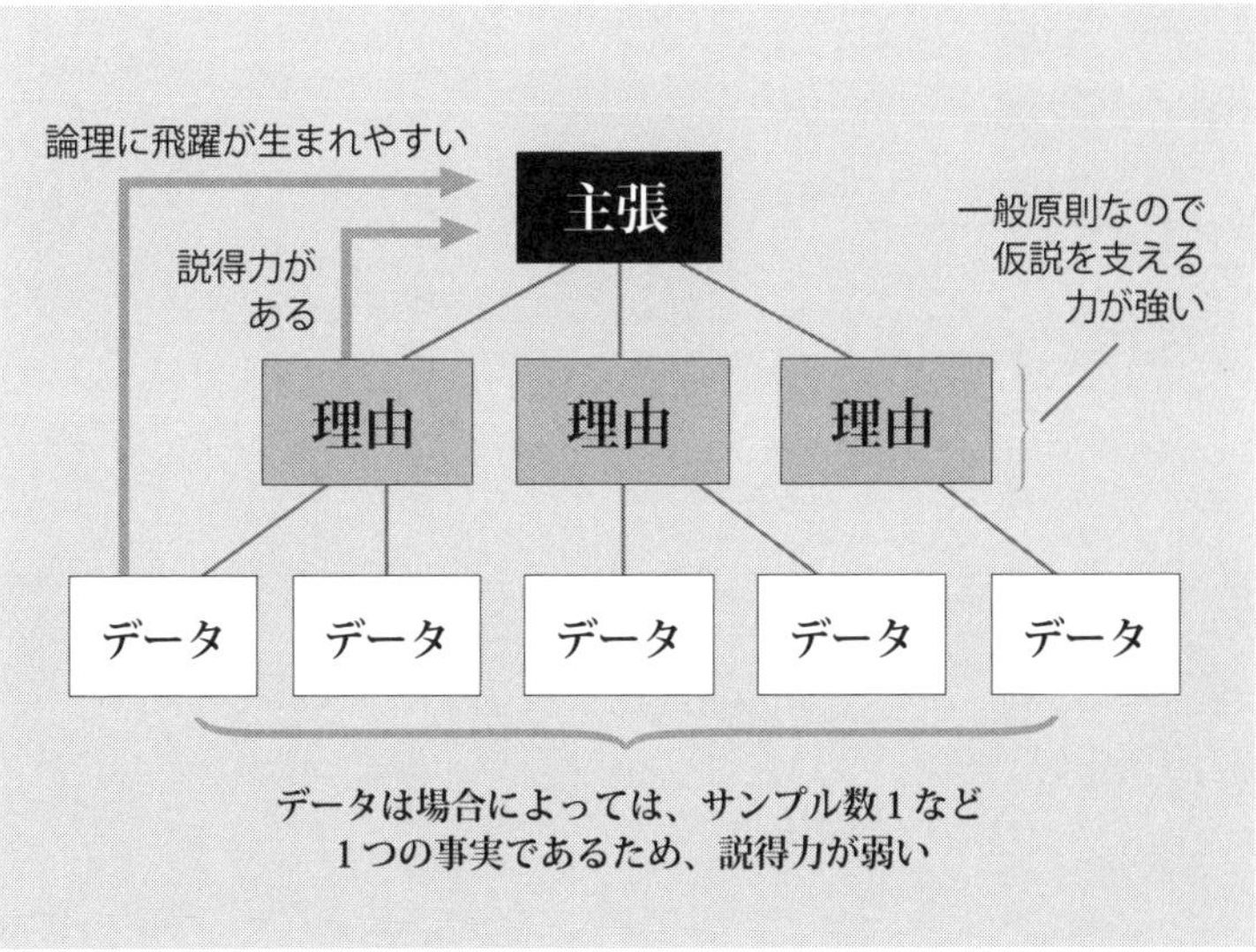
論理に飛躍が生まれやすい
主張
説得力がある
一般原則なので仮説を支える力が強い
理由
理由
理由
データ
データ
データ
データ
データ
データは場合によっては、サンプル数1など1つの事実であるため、説得力が弱い

書くことができないお悩み

小論文を書くことができないというお悩みを頂くことがあります。この場合、「論じる問題」の場合は理由を書けばよいと考えましょう。

論じる問題とは、理由とセットで自分の意見を述べる問題です。時々、ピラミッドストラクチャーを習うと、このピラミッドストラクチャーだけで問題を解こうとしてしまう人がいます。これはあまりよくありません。

「述べる問題」が出題された場合は、単に述べるだけでOKです。「述べる問題」は、「〇〇について述べなさい」と指示があるものです。一方で「論じる問題」は、「〇〇について論じなさい」と指示があります。述べる問題が出題された場合は、単に説明することを求められているので、問題設定は必要ありません。また、当然自分の意見を仮説として述べることも原則として不要です。

たくさん理由を書いていけば、どんどん原稿用紙は埋まっていきます。その際に、なるべく詳しく書くようにしましょう。これだけでも、かなり簡単に原稿用紙のマス目は埋まっていきます。多くの人は、自分の答案に自分の考えを大雑把に書いてしまいます。

（読み手は今自分が書いている内容を理解しているだろうか。）と常に考え、詳しく書くようにしましょう。原稿用紙はどんどん埋まっていきます。

また、主語を省略して書かないようにしましょう。若い受験生は、ついつい口語で文章を書いてしまいがちです。論文テストでは、口語で文章を書くと減点の対象になります。不自然にならない限りは、きちんと主語を書き、文語で文章を書きましょう。

▼「論じる問題」………理由とセットで意見を述べる。
▼「述べる問題」………理由なしで意見を述べる。（説明する）

具体例や引用は正解ではない

小論文には具体例を書けば良いという指導があります。この指導は大変危険です。具体例が必ずしもダメだというわけではありません。ただ、論文というのは、原則として意見の後に具体例を述べるようなものではありません。具体例ではなく、補足説明を述べます。

具体例を挙げている答案を添削していると、多くの答案は、内容が陳腐化してしまっています。「具体例を挙げると分かりやすいので、具体例を挙げるのがよいと分かる」などと指導がなされていることもあるようです。しかし、この説明には論理に飛躍があります。具体例を挙げると分かりやすいわけではありません。その理由は、小論文を読む側は論理的に内容を読み取ろうとしているためです。従って、具体例を挙げられても、なぜこの場所で具体例を挙げているのか意味が分からないと採点者に思われがちです。なぜならば、論文は具体例を書くものではなく、客観的に何が言えるのかを端的かつ具体的に分かりやすく書くものだからです。趣旨が違うと思われるため、印象面で陳腐化してしまうのです。

また、課題文の引用についても「正解」というイメージを持っている人もいるようですが、課題文の引用は正解ではありません。要約問題や説明問題は抜書きで対応できるものもあります。しかし、ここで間違ってはならないのは、「抜き出したから正解」というわけではないということです。この点に注意しましょう。

書くことができないマインド

小論文を書くことができないと悩んでいる人の中には、「正解を書かなければならない」と考えている人が少なくありません。

小論文を書くことができません……と相談をされる方は、非常にまじめな考えの人が多いのです。

まじめな人は、「正解を書かなければならない」と考えがちです。（評価されなかったらどうしよう）（こんなことを書いても評価されないのではないか）などと考えていると、何も書くことができなくなってしまいます。

本当は書くことができないのではなく、自信がある内容を書くことができないのです。

小学校の時を思い出してください。人前で何でも話す人もいれば、なかなか話すことができなかった人がいるはずです。人から評価されたいと強く願うタイプの人は、自分がバカなことを書いて、自分の評価が下がることを恐れます。

ここで大切なことは、このような考え方をする人は、柔軟な発想ができなくなり、逆に考える能力が下がってしまうことが少なくないということです。

また、小論文の配点から考えても、無難なことを述べることばかりを考える人は、意見に新規性が無くなり、人と同じようなことばかりを述べるようになってしまいます。

日本人の一般的なメンタルは、人と同じであれば安心というものです。ところが、このように、人と同じことを述べようとする人は、点数が低くなってしまいがちです。自分オリジナルの着眼点が無くなってしまうからです。

小論文では、自分の目で物事を見て、自分の頭で考えることが大切です。自分なりの紐解き方で現象を捉えて、物事を解釈すればよいのです。

もちろん、これは、何を書いても評価されると述べているわけではありません。しかし、何も書くことができなければ、間違いなく0点です。一方で、何かしら書けば、点数はもらえます。何も書くことができない……と悩む人は、評価されようと考えて評価を落としてしまい、最悪のケースでは、0点になってしまいます。

ですから、必要以上に恐れず、なんでもいいから思ったことを書いてみるということが、まずは大切です。

問題設定のやり方

小論文の書き方はモンイリケツ（問題設定→意見提示→理由・データ→結論）で書くのでしたね。

この問題設定はどのようにやればよいのでしょうか。

やり方は簡単です。原則として、「オウム返し」で問題を設定すればＯＫです。

「オウム返し」というのは、次のようなものです。

《問題》
延命治療は望ましいことなのかどうか、あなたの考えを述べなさい。

このような問題の場合、

（例）延命治療は、果たして本当に望ましいことなのだろうか。

と、問題設定すれば大丈夫です。オウム返しというのは、そのまま問題設定するということです。簡単ですね。

不自然にならない限り、なるべく問いを設定する

小論文の命は、「問い」です。
もともと、論文の問いは「リサーチクエスチョン」などと言い、もっとも大切なものです。例えばあなたが論文を書くようになった時、何について研究するのかということは、研究の成果を決定づけるものです。例えば、「ＳＴＡＰ細胞はあるのか」ということについて研究を行うので

あれば、論点は「あるのか、それともないのか」という点になります。従って、この1点について、研究を行い、結論を述べるという態度が必要になります。

学問は、「問いを学ぶ」と書きます。問いがなければ何も始まりません。従って、中核的に大事なのが問いなのです。

中には、（書かなくても分かるだろう）と考えている人も多いのですが、書かないと分からないことが多いのです。

なぜならば、ほとんどの受験生の小論文は、非論理的であり、論点がたくさんありすぎるからです。従って、何を論点とした論文なのかが全く分からないということが少なくありません。その比率は一般的には7割くらいです。

言い換えれば、だからこそ、問いを書くだけで点数が上がることが珍しくないということです。問いを書けば、非常にその文章が分かりやすくなります。

ただし、あらゆる場合で問いが必要なわけではありません。書くことでかえって分かりにくくなる場合は、問いを書かないことが大切です。

例えば、「あなたは将来どのように働くつもりですか。」と設問で問われている場合に、

私は将来どのように働くつもりなのだろうか。

と書いてしまった場合、絶対に間違いというわけではありませんが、不自然な文章になってしまいます。この場合、

医療従事者として、望ましい働き方とはどのようなものだろうか。

などと、適切に問いを言い換えることが必要になってきます。ほとんどのケースで、「オウム返し」で対応できるのですが、それでは難しい場合もあることは覚えておきましょう。

問いを考えさせられる問題もある

小論文では一般的に、設問で考える「論点」が与えられていることが少なくありません。論点というのは、「AはBである。」というような、論じる点のことです。このことを論点と言います。例えば、先程ご紹介した、「延命治療は望ましいことかどうか」というのは、論点です。

このように論点を与えられている問題もあれば、論点が与えられていない問題も存在します。論点が与えられていない問題とは、次のようなものです。

（例）「働き方」について、あなたの考えを述べなさい。

この場合、「働き方」というのは、名詞ですから、論点はありません。論点というのは、常に述語を伴ったものです。

この場合、「働き方」について、自分で問うことが必要になってきます。あなたが、論点を自由に設定してくださいということです。

言い換えれば、このような問題は、「問う力」を見られていると言ってもいいでしょう。

例えば、以下のような問いが考えられます。

《問う事例：問題設定の事例》

・医療従者として望ましい働き方とはどのようなものだろうか。
・健康的なワークライフバランスとはどのようなものだろうか。
・現行の医療体制は、医師の望ましい働き方を実現することができるものだろうか。
・医師が適切な働き方をすることができるようにするために必要な医師の数とはどの程度だろうか。

ここにご紹介した以外の問いでも、もちろんＯＫです。

出題意図を考え、妥当な問いを設定することが大切です。

なるべく分かりやすく書く

小論文は、なるべく難しく書けばよいと考えている人も少なくないようです。しかし、小論文試験は、難しく書けばよいものではありません。

小論文を書く際には、なるべく分かりやすく書くことが大切です。

一番多い失敗は、難しく表現しようとして、何を書いているのかさっぱり分からなくなってしまい、点数が劇的に落ちるという事態です。

このような失敗は、初心者にありがちです。

難しく書こうとするのではなく、分かりやすく書こうと考えましょう。

そのためには、どのような順番で書けばよいのか、どこから書くのかということに気を配ることが大切です。不合格になってしまう最大の原因は、書かれていることが論理的にも、内容的にもよく分からないというものです。例えば、「原因を書いて、対策案を書く」というような構文が使われている場合、内容が必ず非論理的になるので、書かれている内容を論理的に把握することができなくなってしまいます。意見が連発されているためです。「分かる」というのは、論理的なつながりが分かるということです。話が跳んでいくと、（なぜそうなのか分からない）と考えられてしまいます。話が跳ぶというのは、非論理的な話法になっているということです。

文章を短くすれば分かりやすくなる

小論文は、文章を短くすると大変分かりやすくなります。文章を短くするというのは、書き始めて、丸をつけるまで、ズルズル書かないということです。長い文章は、いくつかの文章に分けることで、短くなります。例えば、次のような文章は、あまり良くない文章です。

《文章が長い例》

たいてい政治的な問題に、各人の道徳的、宗教的信念を持ち込むことに反対する人々は、もし持ち込んだ主張が通れば、特定の道徳的、宗教的教義に基づく法律などを他人に押し付けることになると懸念している。

これだけの長さでも、文章の内容が大変分かりにくくなっています。

このような文章は、途中で切ることができないかを考えます。頭のなかに浮かんだ言葉をそのまま原稿用紙に書いていくと、文章は際限無く長くなってしまいます。従って、頭の中で編集しつつ文章を書くことが大切です。

例えば、先程ご紹介した文章は、次のように編集することができます。

《改善例》
政治的な問題に、「道徳的、宗教的信念」を持ち込むことに反対する人々が存在する。彼らは、「道徳的、宗教的信念」に基づく政治が行われることを懸念している。
このように、端的な物言いが可能かどうかを常に考えましょう。
そして、文章を2つに分けることが出来る場合、2つに分けましょう。

意見提示のやり方

小論文で意見を書く際には、結論から書きます。問いの後に必ず意見を書かなければならないというわけではありません。しかし、結論から書けば点数が高くなりがちです。その理由は、端的な物言いになり、論理構造を読み手がイメージしやすくなるからです。

学術論文の場合、このような「結論を先に書かないことによる問題」を解消するために、アブストラクトという要約を書く慣例があります。つまり、学術論文であっても、最初に結論を読むことができるようになっているということです。

ほとんどの小論文は、分かりにくいので、最初に意見を書くだけで、かなり分かりやすくなり、相対的に評価が上がります。

小論文では、意見を端的に書き、自分の仮説を述べます。大切なことは、論文で述べる意見とは、仮説であるということです。

従って、「〇〇については、〇〇すればよいのである。」というように書くべきではありません。このような意見は、論理に飛躍が生まれやすいものです。断言することによって、100％そうなのだという印象を読み手に与えることになってしまいます。この場合、論理に飛躍が生まれやすくなり、自分で自分の首を絞めることになってしまいます。

最初に端的に意見を述べ、その後に補足説明を書くように書きましょう。

《例》

現行の医療体制は、医師の望ましい働き方を実現することができるものだろうか。

私は、現行の医療体制は医師の望ましい働き方を実現することができていないと考える。多くの勤務医は、長時間労働を行い、その不適切な勤務実態が問題となっている。

このように、最初に「総論」として、短めの文章を書き、その後に「補足説明」を書くようにしましょう。

理由の述べ方

理由は、小論文の主役です。多くの人は、意見が小論文の主役であると考えています。しかし、本当の主役は理由（論拠）だと考えることが大切です。

なぜならば、小論文という科目は、自分の意見を、論拠と共に述べるものだからです。よく分からないけど、なんとなく、こうだと思う……というのでは、評価されません。

誰かが議論をしていて、どちらが正しいのかよく分からないけど、なんとなくこんな感じ……というのはダメということです。意見だけを述べて、理由（論拠）を述べない場合、このような自分の意見を「思う」だけのレベルで述べてしまうようになります。

最初に理由とデータの違いを確認しておきましょう。

▼理由（論拠）………物事がそうなっている仔細。

▼データ（根拠）……事実

自説を補強するには、この理由とデータが必要です。

例えば、あなたのクラスメートに田中さんという人がいたとして、「田中さんはもてる」と主張したいとしましょう。この場合、例えば、「なぜならば、田中さんは容姿に恵まれているためだ。」と理由を述べたとします。この内容を聞いた人は、どの程度田中さんは容姿に恵まれているのかが分かりません。データが無いためです。従って、どの程度容姿に恵まれているのかについて、データを述べていく必要があります。

例えば、「クラスメートの男子の内、75％の男子が田中さんをかわいいと述べた。」というのは、データの1つです。また、「芸能事務所に所属し、有名雑誌に登場した。」などというのもデータです。あまり難しく考える必要はありませんが、原則として大事なことは、「事実・ＦＡＣＴ」であるということです。

小論文試験は、理由とデータを書く試験です。このように書かなければならないという決まりはありません。しかし、複数の理由やデータがある場合、なるべくナンバリングすることを考えましょう。

例） 理由は大きく2つある。

このように、ナンバリングすることで、読み手はどのような論理構造なのかを把握しやすくなります。

データの述べ方

データは、理由を書いた後にスッと普通に書いていきましょう。
データは細い事実をたくさん覚えていなければならないわけではありません。また、必ず無ければどうにもならないわけではありません。理由の補足説明のようなものであっても、データと考えてOKです。要は、データを書くことが目的なのではなく、説得的に議論を展開し、納得してもらうことが小論文の目的です。

また、何も書くことができない場合、なんでもいいので知っていることを書いていくことも大切です。

理由を書かなければならない……とか、データを書かなければならない……と考えると、手が止まってしまうことがあるかもしれません。もちろん、理想を言えば、きちんと理由やデータが書ければ、それが一番よいのですが、書けない場合に何も書かないと不合格になってしまいます。

そこで、なんでもいいので、書くことができることを書いていくという発想や考え方は大切です。

ここで注意すべきことは、書くことができない場合に、構文にはめたり、主張を連発しないことです。

書くことができないとしても、なるべくエピソードでもいいので、データを書くことが大切になります。

例えば、○○だと思う。○○が原因だ。○○すればよいのである。そうすれば○○になるだろう。などと書いていくと、点数が全くなくなっていきます。なぜならば、論文は論証することを目的とした文章と言えるからです。思ったことをたくさん書いていくのは作文です。

従って、例え書くことができなかったとしても、無理矢理にでも、「知っていること」を書く方が、「思ったこと」を連発するよりも点数が高くなります。

結論の述べ方

結論はなるべく端的に書きます。「以上、私は○○であると考える。」このように、短めに書きましょう。

結論にいろいろなことを書いていくと、論点が散漫になり、印象が悪化します。「3つのことを述べるのは、1つのことも述べていないのと同じ。」というような言葉があります。たくさん述べていくと、結局何を主張したいのかが分からなくなってしまいます。そのため、主張することを絞る必要があります。何を主張するかについてですが、これは最初の意見提示の論点が小論文では大切です。（学術論文では、アブストラクトの結論と、最後の論文の結論が同じになっている必要があります。）

結論を述べた後に述べてもよいのは、原則としては今後の展望などです。ただし、この「今後の展望」もあった方がいいというわけではありません。あってもよいというだけです。蛇足になりやすいので、書き方次第、状況次第で、書くべきかどうかが変わってきます。この点に注意して、結論を書くようにしましょう。

医療人としての適性

本書を読む人が、看護師や医師となり、将来多くの人の命を助け、多くの人の安楽に貢献する人たちであることを、私は願っています。

このような願いは、恐らく多くの大学や、医療機関でも同じでしょう。「医は仁術なり。」という言葉があります。これは、医は人命を救う博愛の道であるという意味です。

どのような医療従事者が優秀かについては、様々な意見があるでしょう。ある医師は、「優秀な医師とは、優しい医師です。」と述べています。

患者である来院者は、大きな悩みを抱えて、病院に来ています。ある人は、ちょっとした悩みであり、ある人は、深刻な命の悩みを抱えていることもあるでしょう。そのような時、彼らの運命を変える可能性をあなたは持っています。

小論文を書く時、あなたの医療人として適性が問われています。

どのようなことを書いても構いません。しかし、医療人としての適性に沿った内容を書くことが大切です。

愛情や優しさを持って考えましょう。

～コラム～

ここで、授業の休憩のような意味あいをこめて、雑談的なお話を少しだけ入れておきましょう。

健康な人にはなかなか分からないことですが、病気の人は、本当に苦しい思いをして、生きています。私は昔から健康な体とは言えないところがあったので、このことをよく理解しているつもりです。

病院というのは、多くの患者にとってみれば、唯一の治療の場です。そして、医療従事者は、病気についての、唯一の理解者と言えるでしょう。もし、看護師や、医師、その他の医療従事者が自分の状況や心境を理解してくれない場合、誰にも患者は理解されることがないのです。このようなことは、たいへんつらいことだといえるでしょう。

しかし、看護師や医師が時おり見せるちょっとした優しさは、様々な心の苦しみを持った患者にとって、一時の救いになります。

また、臨床医になるわけではなく、研究医になる人は、様々な研究の場で、未来の病気に苦しむ人を救うべく奮闘するでしょう。それは極めて素晴らしいことだと思います。

勉強は時につらいことがあります。しかし、病気の苦しみはその何倍もきっと苦しいでしょう。ぐっとこらえてがんばって、たくさんの人の心を救ってください。そうすることが、患者が生きる意味を問い、奮闘して生きる時に、大きな希望となり、喜びになると私は確信しています。

あなたは素晴らしい夢に向かってチャレンジしています。ぜひ優れた医療人となり、多くの人を救ってあげてください。

第三章

Chapter 3

慶應大学医療系
過去問題・典型問題と
解答例&解説

難関の慶應大学の過去問類似問題で学ぶ

本書では医学部の難関として知られる慶應義塾大学の過去問題の類似問題を扱い、医学部や看護系学部、医療機関へ就職するための小論文を学びます。

慶應大学で出題された問題をそのまま扱うことはやりません。

そのようなことをしてもあまり意味が無いので、原理原則や本質をおさえ、どのような問題が出題されても対応できる実力を養成していきます。

【慶應大学医学部　類似問題1】

医師としての資質とはどのようなものか、あなたの考えを自由に述べなさい。（400字以内）

〈解説〉

どのような問題であっても、まず着目すべきは、語尾です。今回の問題は、「述べなさい」という問題になっています。設問の要求は、「論じる」ことではなく、「述べる」ことです。

非常に重要なポイントなので、少しだけ復習しておきましょう。論じる場合は、理由とセットで自分の主張を述べるのでしたね。ということは、基本的に論拠（理由）を整理して述べることが、「論じる」問題では、求められているということです。

今回の問題は、「述べる」問題ですから、ある程度自分の主張を連発してもいいと解釈してもいいでしょう。

ここからが、大切な部分です。

仮に小論文の問題で、「述べる」ことを求められている場合であっても、答案の約50％程度は、理由やデータを述べる方がいいと考えておきましょう。

〈解答例〉

医師としての資質とは、どのようなものだろうか。私は能力と人間性ではないかと考える。

医師は、人命を預かる仕事であり、同時に、医師には高度な専門性が求められる。専門知識を十分に優位していなければ、適切な判断ができない事態に遭遇することも十分に考えられる。現実に我が国でも、医療事故や薬害による被害が繰り返し発生している。このような事故を防ぐためにも、医師には高度な知性や判断能力、多くの専門知識が求められる。

また、人間性に問題がある医師は医療人としての適性を欠いている。医療サービスとは、患者の命や安楽を守るものである。しかし、この医療サービスが適切に行われない場合、医療はビジネス化し、多くの不幸が発生する。従って医師には高い倫理観が求められる。

従って、私は医師の資質とは、人間性と能力であると考える。


解答例を見てください。ほとんどが理由とデータで占められているのが分かると思います。

【慶應大学医学部　類似問題2】

アンケートによる調査によれば、7割の人が医師に嘘をついたことがあると回答しました。この点について、あなたはどう考えるかについて、意見を述べなさい。

〈解説〉

この問題も医師としての適性を見ることを目的とした問題であると考えられます。一般的に小論文や面接は、医学部の場合相当医師に向いていない人を不合格にするために用意するなどと言われることがあります。一方で、看護学部の場合はそうではないでしょう。看護学部の場合、小論文の配点比率が、医学部医学科に比べて全体の中で大きな割合を占めることが多いのが実情です。言い換えれば、学力最重視というわけでもないということです。

仮に医師として不適当な人物を不合格にすることが試験の趣旨であった場合、ここであなたが見せるべきは、「冷静な対処能力」であると考えられます。すぐに感情的になり、冷静な判断ができなくなる人物は、冷静沈着な処置や判断が求められる医療現場にはふさわしくないでしょう。ましてや、リーダーである医師については、なおさらです。この問題については、「冷静な態度」や「複眼的な思考力」をアピールすることが大切であると考えられます。

このように、出題意図を推し量りながら、問題を解いていきましょう。

〈解答例〉

患者が医師に嘘をつくことについて、どのように考えるべきだろうか。

私は患者が医師に嘘をつくのは、当然のことであると考える。従って医師は患者が述べている内容を鵜呑みにするのではなく、症状やデータ、先行研究から、医学的エビデンスや、経験に基づいた診療を行う必要がある。

私が前記のような仮説を持つ理由は、患者の都合にある。疾患部位によっては、相談しにくい疾患も存在する。また、疾病によっては、患者のプライベートな問題に深く根ざした問題や性的な問題も存在する。そのような諸問題について、大きな問題にならないのであれば、相談したくないと感じるのはもっともなことである。

以上、私は患者が故意に嘘をつくことは不道徳な動機からではなく、患者の都合によることもあるため、当然であり、医療人としてこの問題に適切に対処することが医師には求められると考える。

【慶應大学医学部　類似問題3】

洪水で被災した地域の衛生状態の調査チームとして、あなたは調査に向かいます。あなたの部下と、リーダーであるあなたはどのように関わるべきでしょうか。あなたの考えを自由に述べてください。

〈解説〉

今回の問題は、被災地を想定する必要があります。被災地で調査を行うあなたに求められることは、迅速に衛生状態を調査することでしょう。なぜならば、感染性などの拡大が懸念されるためです。このように、平時とは言い難い状況では、リーダーは強いリーダーシップを発揮する必要があります。

このような問題が出題される背景には、近年注目が集まっているチーム医療の問題があると考えられます。医療チームを1つの組織と見立てて、医療行為を行う時、どのような組織体制やリーダーシップのあり方が成果につながるのかについて、考察することが求められます。

この問題でも、このように出題意図を推し量り、その上で、アピールするべきポイントを見極めていくことが大切です。

〈解答例〉

被災地の衛生状態を調査するチームのリーダーはどのように部下と接するべきだろうか。

私は、強いリーダーシップで、部下を力強く誘導するリーダーシップが求められると考える。

被災地の衛生状態を調査するシーンでは、被災地の住民の中で感染症が拡大している可能性も考えられる。現場の衛生状態は良いとは言えず、被災地で避難した住民は、避難施設の中で共同生活を送っていることも考えられる。このようなシーンでは、迅速かつ正確に調査を終えることが求められる。従って平時の調整型のリーダーシップではなく、強く主導するタイプのリーダーシップが望ましい。平時であれば、部下との良好な関係を築き、リーダーとして調整を行うことで理想的なリーダーシップを発揮できる。しかし、今回のケースは、非常時である。
従って、力強いリーダーシップが本件では求められると私は考える。

いかがでしょうか。次は、看護師の就職試験の予想問題です。

【就職試験　問題1】

医療安全について、自由にあなたの考えを論じてください。

【解説】

《就職試験小論文のポイント（大前提）》

・採用側の本音は、一般的に以下のようなところにあります。

(1) 常識があるかどうかを見たい(仲間との協調性や思考力の土台の有無)
(2) やり抜く力を見たい(プロフェッショナルとしての自覚があるかどうか・コロコロ少しの不満で退職するような人物かどうか・真面目さ・素直さ等の人間性)
(3) 問題を起こさないかどうかを見たい(社会的に問題視される事態を避け、安全を脅かす状況を回避したい)

《今回の問題のポイント》

・出題者側の問題意識を考える(どのような能力をみたくて、このような質問をしたのかを考える)。
・出題者側の問題意識に応答した方向性案で解答を設計する。

《書き方(構成)》

◆「問題設定」………可能であれば、テーマについて、自分の問題意識と出題意図に関連付けて問いを設定する。
◆「意見提示」………自分の意見を端的に結論から述べる。
◆「理由・データ」…最初に述べた結論について、論拠や根拠を述べる。前提を述べるイメージで文章を設計する。

◆「結論」……………端的に最初の意見を繰り返し、ブレをなくす。今後の展望を最後に述べてもよい。

《解説用解答例》

医療安全について、プロフェッショナルの医療人が心がけるべきことはどのようなことだろうか。

私は「報告・連絡・相談」という基本を徹底し、チームで動く組織的な活動の力を高めていくことが重要であると考えたい。

重大な医療事故が起こってしまった後に、「ドクターがあの時にこういう指示を私に出しました。」というような責任逃れ一辺倒な応答を私はやりたくない。常日頃から、自分は医師をはじめとした医療チームの一員であるという自覚を強く持ち、自分勝手な行動を慎みたい。**そのためには、単に言われたことを指示通りにやるロボットのような医療行為ではなく、自分で常に考えながら仕事をしつつ、同時に自分はチームの一員であるという自覚を強く持つことが大切ではないだろうか。**何も考えずただ言われたことをやっていては、チームの一員として活動することは難しい。何かが起こった時に「ドクターがあの時にこう私に指示を出しました」というように、単なるオペレーション要員に過ぎないような考え方を持つようでは患者の安全を守ることは難しい。しかし、一方で、自分の力を過信し、勝手な行動を取り、報告・連絡・相談などの仕事の基本が疎かになることも危険である。従って、医療人として安全を確保するには、常に主体的に考えながら仕事を行い、同時にチームとして動くことを大切にするバランス感覚が重要だ。（1）患者の容態、患者の要望、患者からの情報提供（薬物アレルギーに関する書面に記載しなかった情報など）などについても、臨機応変に報告・連絡・相談を行うことで、医療現場における安全性を向上させることができる。（2）

有名な理論に「ヒヤリハットの法則」というものがある。ヒヤリハットとは、重大な事故が1件起こる背景には約300のヒヤリとする胸をなでおろす事故化しない案件があるという事件発生確率に関する理論モデルである。「報告・連絡・相談」は、この理論モデルに即して言えば、重大な300件に1件起こる事故を防ぐ効用があると考えられる。

以上の理由より、「報告・連絡・相談」という基本を徹底し、チーム医療を心がけた医療人としての自覚と行動こそが、医療現場における安全確保について重要であると私は考える。

《解答例の理解》

網掛けの部分を読んでみましょう。基本的にすべて「前提（一般原則）」によって構成されているのが分かると思います。このように、小論文試験では、なるべく個人的な持論を避け、他の人が共感しやすい一般原則を論拠として持ってくることが大きなコツになります。

傍線（1）と傍線（2）を見てください。この部分は一般原則と言ってもいい部分ですが、人によっては個人的な持論だと解釈する人もいるでしょう。この手の内容（持論であると解釈されるリスクがある部分）が増えすぎると、納得してもらいにくくなります。注意が必要です。今回の解答例のように、わずかに入れ込む分には構いません。増やしすぎないようにしましょう。

次に解答例の太字の部分を見てみましょう。この部分は自分の意見を書いています。一般的には、本論と呼ばれる論証をすることを主目的とする段落には、自分の考えや問いを書くべきではありません。しかし、今回の解答例では例外的に書いています。その理由は、医師や上司の立場にある人間がこの文章を読んだ時に否定することは考えにくいためです。適当な仕事をしておきながら、全部ミスは上司のせいにするような看護師を採用したいと考える病院はほとんどないでしょう。従って、同意が得られることを前提として書いています。反語に近い文章設計のテクニックだと考えてください。

反語の例）果たして○○は○○だろうか。いや、○○ではない。

前記の解答例では、「チームの一員であるという自覚を持つことが大切」という当然の考え方についての同意を求める形でテクニックが使われています。ややテクニック的な話となりますが、人は心の中で、（そうだ、そのとおりだ）と思った場合、その後も同じように（そうだ、そのとおりだ）と思いやすくなります。このような心理効果については、様々な呼ばれ方がありますが、納得度を高めるためには有効な手法です。そのため、論文試験で、読み手を説得するための理由が3つ思いついた場合は、一番説得力が高そうな理由を最初に書きましょう。そうすれば後半の理由提示の際にも、納得してもらいやすくなります。

【就職試験　問題2】

今の医療情勢について感じることはなにか、あなたの考えを自由に論じてください。

【解説】

《知らないと書けないわけではない》

知識が無いと、もう何も書くことはないのだから、試験に落ちたと諦めてしまう人がいます。絶対にあきらめずに最後まで書ききりましょう。後述するの解答例には、ほとんど専門的なことを書いていません。もちろん、専門的なことを書いても構いません。小論文試験で問われているのは、基本的には知識量ではありません。一般的な小論文の評価軸は構成点、内容点、発想点、表現点などです。専門的な知識を書いても構いませんが、考える力を見られている度合いが大きいと考えましょう。理由を詳しく書いていけば、文字数は埋まっていきます。知識を書かなければならない問題が出ても最後まであきらめないでください。

《書き方（構成）》

◆「問題設定」…………可能であれば、テーマについて、自分の問題意識と出題意図に関連付けて問いを設定する。

◆「意見提示」…………自分の意見を端的に結論から述べる。

◆「理由・データ」……最初に述べた結論について、論拠や根拠を述べる。前提を述べるイメージで文章を設計する。

◆「結論」……………端的に最初の意見を繰り返し、ブレをなくす。今後の展望を最後に述べてもよい。

《立論のポイント》

今回の「解答例に書かれている3つの理由」は、簡単に言えば次のようになります。

理由1：日本の医療はお金がかかる
理由2：医療を受ける人口が激増する
理由3：労働力の減少

このような「簡単なメモ書き」を下書き用紙に書いておき、文章を整えながら短時間でサッと書き上げる必要があります。

《知識型問題の解答の指針》

① 教科書的な知識を詰め込んだ答案を作成しても良いが、採用側の本音から外れすぎないことも大切。
② 医療情勢について問う意味と価値は、思考力や適性を見ることにある。
③ 現象についての自分なりの「紐解き方」と、論拠を持った意見提示が重要。

《多くの受験生が困る点》

① 難しい知識をたくさん詰め込み、その知識をどのように答案構成に活かすのかが分からなくなる。

② 詰め込んだ知識と病院の問題意識や関心事を結びつけることができず、独りよがりな医療論を展開してしまう（医学部医学科の国立大学教授が講演会をやるならそれでも良いが、看護師の就職試験で大学教授のような論調を真似してみても、生意気だと思われてしまえば就職には不利になってしまう）。

《正統派の解決策》

・論理的に文章をまとめる。

《困った時の解決策》

① 必ず最後まで書ききる。

② 知っていることの中でも、自分が最も伝えたいことを中心に書く。

③「理由は3つある」と言ってしまう。その上で、理由について詳しく書いていけば自然と文

字数が増え、論文としての形になってくる。理由は3つある……などと書く書き方は、ピラミッドストラクチャーなどと呼ばれ、正統派の書き方であるため、一般的に心象が良くなり、実力以上の点数をもらうことができることが多い。

《試験までにやっておきたいこと》

・断片的な知識を暗記カードにまとめて30枚程度は少なくとも覚える。

【解答例】

昨今の医療情勢から考えられる医療サービスに今後求められる変化とはどのようなものだろうか。少子高齢化が加速する人口動態の変化が、今後の日本の医療制度を大きく変化させると私は考える。具体的には、医療費の個人負担が大きくなり、増大した高齢者に対する医療保障体制を維持するために医療報酬そのものが年金と同様に段階的に減少することが予想される。従って今後数十年に渡り、看護師には医療サービスの効率化が要求されるようになる可能性がある。理由は大きく3つある。

第一の理由は、日本の医療は海外と比較した場合、充実した医療インフラが整っていることである。海外では、軽微な病気や怪我では、病院に行かない人が多い。特にアメリカなどでは、医療費の自己負担額が大きく、高額な医療費が治療に際して必要になることが多い。一方日本ではわずかな体の不調でも病院を利用する人が多い。そのため国家の医療負担は医療保障が充実していない国に比べて大きくなる傾向があると言われている。

私が前記のような仮説を導いた第二の理由は、高齢者の増加である。日本は今後歴史上経験したことがないレベルで少子高齢化社会を迎えることとなる。いわゆる逆三角形と言われる高齢者が人口比率の多くを占める人口動態は世界的にも例が無い。従って政府が用意する医療保障制度の枠組みも前例がない中で整えていく必要がある。

私が前記の仮説を導く第三の理由は、生産年齢人口の減少である。我が国の国債発行残高は年々上昇し、人口は減少し、社会保障費が年々増加している。

前記の理由から、私は今後医療の現場における経営環境が厳しさを増し、患者の医療費負担額増加に伴い、看護師などの医療従事者に対する効率化がさらに求められると考える。厳しさを増す医療環境の中で、ＩＴによる業務効率の向上や、医療スキルの向上、ミス防止のための各種対策の実施などが求められるだろう。この激変する医療環境に適応できる看護師として、日々必要なスキルを高めていきたい。

《論点の一致》

解答例の網掛けの部分を見てください。2箇所に線を引いています。最初と最後で、このように論点を一致させることが大切です。論点を一致させれば、一貫性のある論文になります。

《説明》

解答例を見てみましょう。意見ではなく、理由を中心に書いています。このように、小論文では、自分が書いた仮説を支える論拠（理由）やデータを中心に書きます。

【就職試験　問題3】

「私の看護観」というテーマで自由に論じてください。

【解説】

《就職試験小論文のポイント（大前提）》

※大事なポイントなのでもう一度確認しておきましょう。

採用側の本音は、一般的に以下のようなところにあります。

（1）常識があるかどうかを見たい（仲間との協調性や思考力の土台の有無）

（2）やり抜く力を見たい（プロフェッショナルとしての自覚があるかどうか・コロコロ少しの不満で退職するような人物かどうか・真面目さ・素直さ等の人間性）

（3）問題を起こさないかどうかを見たい（社会的に問題視される事態を避け、安全を脅かす状況を回避したい）

《書き方（構成）》

◆「問題設定」……………可能であれば、テーマについて、自分の問題意識と出題意図に関連付けて問いを設定する。

◆「意見提示」……………自分の意見を端的に結論から述べる。

◆「理由・データ」……最初に述べた結論について、論拠や根拠を述べる。前提を述べるイメージで文章を設計する。

◆「結論」………………端的に最初の意見を繰り返し、ブレをなくす。今後の展望を最後に述べてもよい。

《ポイント》

① 単なる努力目標にならないようにする。↓標語のようなスローガンは多くのケースで現実にはならないため、書く内容が純粋な努力目標であり、話半分で聞いておかなければ……などと思われるリスクがある。

② 単なる理想論を避ける。↓厳しい現実を知らないと思われたり、認識が甘いと思われたりするリスクがある。

《ありがちな失敗》

① 思いやりを持った医療が大切というように、書く内容が「いい人」で終わってしまう。他の応募者に比較して、より一層「優秀な人材」と認識してもらうことが大切。

② 書く内容が意見の連発になってしまい、裏付けがないものとなってしまう。

《なぜ意見の連発に問題があるのか》

意見を聞くだけなら、意見の羅列文、もしくは作文でよく、小論文試験を用意する意味がほとんどありません。就職試験では、職業人として、自分なりの論拠を持って現象を捉える論理的な思考力をいくらか要求されていると考えましょう。

論理的に現象を紐解くことができる人は、放っておいても、それなりに自分で学習し、雇用期間が伸びるにつれて、より一層たくましく、優れた判断能力を持った人材になっていくと予想されます。一方で、「何かを思うことの連続」で日常業務をこなすスタッフは、長年雇用しても成熟した考え方や優れた判断能力が養成されず、新人の延長レベルのスタッフで終わってしまう可能性もあります。将来は、指導役となり、看護師長を任せることができるような逸材を、可能であれば採用したいというのは、病院経営側の偽らざる本音であると考えておくぐらいがよいでしょう。

《解答例》

プロとして活躍する看護師であっても、人によって様々な看護観を持っているものである。理想的な看護観とは、どのようなものだろうか。

私の理想とする看護観とは、「献身的に働く」というものである。献身的に働くとは、病気になった患者の心を理解するように努め、その苦しみを取り除くように、医療従事者として働くことを指す。言い換えれば、プロとして仕事をするように務めるということだ。看護の現場では、献身的に働くことも、プロとして働くことも当然のことである。しかし、当たり前のことだからこそ、当然にできるように、私は大切にしていきたい。

一般的に仕事では当たり前のことを当たり前にするということが難しいと言われている。医療事故が起こる現場では、起こってはならないことが起こっている。このような事故は、当たり前のことが当たり前にできないため、事故が発生すると考えられる。確認ミスや不注意が原因で起こる医療ミスもある。

私が「献身的に働く」ということを大切にする理由は他にもある。患者は一般的に心に大きな不安を抱えている場合もあれば、心に大きな悩みを抱えていることもある。私は人の心を大切にしたい。人の心とは、ある時は、恐れであり、ある時は、心の痛みであり、ある時は不安であり、ある時は苦しみや葛藤である。仮に自分の仕事が単なるオペレーション要員のようなものであった場合、患者との接し方も事務的なものになってしまうだろう。これではロボットと変わらない。人が生きているということは、単に呼吸があり生命活動があるということではない。人としての尊厳を保ち、活力や希望に満ちた生活を送ることが生きることではないだろうか。病気や怪我は、このような人の生きる意思をくじくものである。医療の現場とは、病気や怪我で不安を感じる人にとっての希望の場である。健康な時には気づくことができない大きな痛みや不安を患者は抱えている。この不安や心の痛みを、私は少しでも取り除く手伝いをしたい。そのために私は看護の道を志した。

以上のように、私の理想とする看護観とは、「献身的な働きをする」というものである。一人ひとりの患者の気持ちに寄り添うことができるプロとして仕事をしていきたい。

【看護学部　問題】

他者の気持ちを理解することをどのように私たちは生活の中で活かすことができるでしょうか。あなたの考えを自由に述べなさい。

※慶應大学看護医療学部の問題を少し変えた問題ですので、慶應大学看護医療学部の問題についての解答例をご紹介します。

著者が体験した「自戒」である、他者の気持ちを理解することの重要性を 私たちはどのように社会生活の中で活かすことができるだろうか。

私は、将来看護医療の分野で仕事をする際に、著者が述べる他者理解の重要性を生かしていきたい。「同病相哀れむ」という言葉があるように、本来人は、自分がその人と同じ立場になることで、身体の痛みや心の痛みを理解する。その上で、人は自分の感じた痛みを他者に照らし合わせて、他者の気持ちを理解しやすくなる性質がある。しかし、医療の現場では多種多様な疾病を持つ患者が集まる。彼らの肉体的かつ精神的な痛みは多種多様であり、精神的ニーズも複雑なものである。従って、自分と同じ体験を持つ人物の気持ちが分かるだけでは十分とは言えない。例えば終末医療の現場では、生存確率が極めて低い患者が多い。終末医療の現場では生きる意義や、精神のやすらぎも同様に生き抜くための医療行為と同等かそれ以上に大切にされなければならないのである。このような現場で働く際には、特に他者の気持ちを理解することが重要となる。従って私は将来仕事をする際に、著者の戒めを活かしていきたい。

第四章

Chapter 4

各種小論文理論の解説と注意点

小論文には多くの理論がある

小論文の書き方にはいくつもの種類があります。特に日本では、商業教育を中心に小論文の書き方に関する指導が広がったため、テクニック的な小論文の書き方が普及しました。

これらの書き方の中には、使い方によっては、有効なテクニックも存在します。

その理由は、何も考えずに書き連ねるよりも、これらのテクニックを使用した方が、何らかの心理効果を読み手に与えることができるからです。

ところが、良くも悪くも、これらの小論文の書き方は、商業教育の分野で伝えられていったため、比較的「手軽なテクニック」の側面が強調されて、指導が行われました。その結果、小論文の書き方は、原理原則や重要な学びよりも、「ハウツー」の面が強調されがちになってしまいました。結果として、多くの人は、小論文の書き方について、「方法」を学ぶのだと考えるようになっています。

空手でも、ピアノでも、スポーツでも、私たちは上達することを目指す時、方法を学ぶのだとは考えません。しかし、小論文については、方法を学ぶことが小論文を学ぶことだと考える人が増えてしまいました。

小論文は技能

小論文は方法ではなく技能です。従って、方法よりも、感覚の方が大切です。適切な小論文を書くプロセスでは、様々な判断を行っていく必要があります。

状況の分析や考察、立論などのステップで、技術が必要になります。これらのステップで、技術が必要になる理由は、ワンパターンでは、対応できないからです。

野球でもサッカーでもピアノでも、どのような技能でもワンパターンでは対応できません。必ず臨機応変に、自分が対応していかなければなりません。

小論文も同じです。

ところが、多くの人は、野球で言えば、必ず同じ角度でスイングするような、文章の書き方をしてしまいます。どんなボールが来ても同じ書き方をしていれば、高い点数を取りにくくなります。

特定の構文やテクニックは、商業教育を通じて指導されるため、「このテクニックで対応できる」と、指導があります。しかし、それはあくまでも言い分であることにも注意が必要です。

医療系は、譲歩構文を使う受験生が多い

小論文の添削をしていると、譲歩構文を使った小論文の答案が目立ちます。恐らくは、参考書を購入し、自主的に小論文の勉強を進めている子が、この譲歩構文を使用していると考えられます。

本書の冒頭でも、譲歩構文についてご紹介しました。譲歩構文とは、「確かに〜しかし……」と書く小論文の書き方です。うまい具合に使用すれば、それなりに説得力を文章に持たせることができます。しかし、多くのケースで、受験生はこの譲歩構文を使いこなすことができないようです。これはあくまでも、私の経験則ですが、多くの小論文の答案を見て、全体の8割程度の受験生は、この譲歩構文を使いこなすことができていないと感じます。

文章力がある受験生は、のらりくらりと使いこなすのですが、ほとんどの受験生は、文章力が特段高いわけではありません。また、書くことに不慣れだからこそ、このような譲歩構文を使用したいと思う人が多いのかもしれません。その場合、書くことに不慣れな人が譲歩構文を使用しているわけですから、点数は低くなってしまいがちです。

譲歩構文を使用する場合の注意点

譲歩構文は、使うことで点数が上がるというわけでもありません。評価が上がりやすいポイントがあるとすれば、譲歩構文を使用して、物事の両面について考察を行うと、議論に深みが出ることがあるという点でしょう。

「確かに○○～しかし、○○」というように、文章を設計した場合、物事の賛成の理由と、反対の理由に言及することが可能です。

次の文章を見てください。

例）確かに原発を使用すれば、多くの電力を生み出す事ができる。しかし、原発を再稼働させ、何らかの天災により、事故が起こった場合、取り返しがつかない被害が拡大することになってしまう。

このように述べた場合、何らかの論点について、賛成の理由と、反対の理由の両方に言及しているわけですから、その分物事を深く考察した印象を与えることができるケースもあります。ただし、ここで1つ条件があります。このように書いて、それなりの評価がもらえるケースとは、（そうだよね）と読んだ後に思ってもらえる場合に限ります。とりあえず「確かに～しかし……」という構文にはめて文章を書くという具合いに、この譲歩構文を使用した場合、（そうだよね）と思ってもらえるように書くことができないということが珍しくありません。

二項対立の場合は、可能な限り論拠をたたく

小論文を書く際には、可能な限り、論拠をたたくようにしましょう。譲歩構文を使う場合でも、使わない場合でも、これは同じです。

ただし、論拠をたたくことを考えるのは、原則として、二項対立の場合です。

二項対立というのは、賛成か反対かというように、捉え直すことができる論点のことです。

例えば、先程ご紹介した原発に関する論点は、原発の再稼働に対して、賛成と反対というように、二項対立になっています。この他にも、延命治療に対して、賛成か反対か、死刑制度の存置問題に対して、賛成か反対か、増税について賛成か反対か……というように、どちらの立場に立つのかと考えることができる論点が二項対立の論点だと理解していいでしょう。

先程ご紹介した例文を書き直してみました。

例）確かに原発を使用すれば、多くの電力を生み出す事ができる。しかし、日本における電力供給量は、原発を使用しなくても確保することができる。また、原発を再稼働させ、何らかの天災により、事故が起こった場合、取り返しがつかない被害が拡大することになってしまう。

傍線を引いた部分を見てください。この部分は、直前の文章の論拠をたたいています。なぜこのように、論拠をたたく作業が必要なのかと言えば、説得力というのは、賛成型と、反対側の理由を見比べて、読み手がどれだけ筆者の言い分に納得するかによって生まれるものだからです。

自分が「思っていること」は理由にはならない

小論文でよくある失敗は、本論と言われる論証を目的とした段落で、自分の意見をたくさん書いてしまう失敗です。

本論というのは、モンイリケツ（問題設定→意見提示→理由・データ→結論）で考えた場合に、3番めの、理由・データを書く段落のことです。

この段落にたくさんの意見を書いてしまうと、どんどん説得力がなくなっていきます。
その理由は、以下のようなロジックになるためです。

例）私はこう思う。だからこう思う。

このようなロジックの文章を書いてしまうと、自分の論拠が自分の考えになってしまいます。これでは、「私が思っていることだから正しいんだ。」と述べているのと、あまり変わらなくなってしまいます。

このようにならないために、論文を書く際には、ファクトベースで考えることが大切です。（事実をベースとして、物事を論考すること）

原因を書いた後に、対策案を書くような構文は、減点されやすいのですが、その理由の1つは、ここにあります。原因を書くと、原因についての推測になるので、推測を連発する形になってしまいます。

ちょっとプラスの点数にならないかしら……と考えて失点している

構文にはめることを考えている人は、（ちょっとプラスの点数にならないかしら）と考えているか、（書くことができないから、知っている書き方で書こう）と考えて書いています。

ところが、この両方の期待は、よくない結果につながることが多いようです。

前述したように、加点ではなく、減点につながる学生が多いのが実情です。そして、書くことができないからといって、構文に頼ると、不自然な文章になりがちです。ここまでにご紹介したように、書くことができる人が構文を使うのは、失点につながらないケースが多いのですが、そもそも書くことに苦手意識を持っている人は、細部にまで気がまわらないので、文章が不自然になり、構文を生かせないことが少なくありません。

従って、私の考えとしては、原則として構文は使わない方がいいというものです。例外として、時間切れになりそうになり、このままでは何も書くことができずに試験時間が終わってしまうというところまで、追いつめられた時に構文は使うといいでしょう。

ただし、中途半端な理解で使用すると、書いても不合格になってしまうので、注意が必要です。

迷ったらモンイリケツでよい

構文を使用しないのであれば、どうすればいいのか……と途方に暮れる必要はありません。本書でご紹介したように、「論じる」ことを求められている問題の場合は、モンイリケツ（問題設定↓意見提示↓理由・データ↓結論）でいいのです。

「述べる問題」が出題された場合は、モンイリケツは使いません。たんたんと、説明していけばよいということになります。説明は、課題文の内容、特定の現象についての説明、あるいは、自分の考えについての説明ということになります。

説明というのは、詳しく押し広げて述べるということです。

ただ、ここで問題があります。理由を書くことができずに困るという人がいるでしょう。ここについては、しっかりと塾などで学んでいくといいのですが、塾に通うことができない人は、『小論文の教科書』（エール出版社）や、『慶應小論文合格バイブル』（エール出版社）などを読んでもいいでしょう。余裕がある人は、『小論文技術習得講義』（エール出版社）を読んでもいいと思います。

要注意！「述べなさい」

小論文の問題を解く際には、設問の要求の語尾に気をつけます。「論じなさい」となっているのか、「述べなさい」となっているのかで、大きく書くべき内容が変わってくるからです。

しかし、「述べなさい」という要求であっても、全面的に自分の意見だけを書けばいいわけではありません。例えば、以下のような文章は書くべきではありません。

私は◯◯だと思う。
私は◯◯だと考える。
私は◯◯が原因だと考える。
だから◯◯していけばいいと思う。
◯◯すれば、◯◯が解決するのである。
大切なことは、◯◯であろう。

なぜこのような文章を書くべきではないのかと言えば、「述べなさい」という問題の真の要求は、次のようなものである場合があるからです。ちょっと、理解してもらいやすくするために、露骨な表現にしますよ。

《出題者の真の要求（心の声）》

ゴリゴリに論証しなくてもいいから、あなたの視点を見せつつ、でも小論文試験だから、単に意見の連発だけはしないでね。そんなこと、いちいち説明しなくても、大学受験生なんだから、小論文試験では、趣旨を考えて書くということくらい分かっていますよね。だから、設問には、「論じなさい」と書いたのではなく、「述べなさい」と書いたのですよ。従って、意見の連発などをするようなら、すぐに非論理的な意見とみなして、不合格にしますからね。

恐ろしいことですが、このように、設問の文章にはいちいち書かずとも、出題者が考えていることがあるのです。

ちょっと難しいのは、（本当は全く難しくないのですが）本当に述べるだけの問題もたくさんあるのです。要するに、単なる説明問題の場合は、述べるだけでＯＫです。

見分け方のポイントは、出題意図を見抜くことです。（どのような能力を試そうとして、この問題を作ったのか）と考えれば、論じるべきなのか、述べるべきなのかが分かります。もう1つ大きなヒントがあります。次の部分でそのヒントをご紹介します。

「踏まえて」と設問の要求にある場合は議論に参加することを求める合図

小論文の設問に「踏まえて」という文字がある場合、自分の意見だけではなく、独自の論拠（理由）を述べることを求められていると理解していいでしょう。

小論文試験は、特定のテーマに対して、好き勝手に文章を作る試験ではありません。ここが、作文試験との大きな違いです。作文試験の場合、テーマについて好きなことを述べまくってもOKです。

少し簡単に説明しましょう。例えば、「お父さん」というテーマで作文を書く場合、次のような文章を書いてもOKです。

私のお父さんは〇〇です。

私のお父さんが◯◯した時、私は◯◯だと思いました。
私は、◯◯のような仕事をしたいと思います。
私のお父さんは、◯◯が好きです。
私のお父さんは、◯◯していると楽しそうです。
私のお父さんは、怒ると恐いです。
お父さんが起こった時、お母さんは◯◯な態度を取ります。
私はお父さんが大好きです。

このように、たくさんの論点がある文章を書いても、作文の場合、ＯＫです。作文は、オチが分からない方が、展開が楽しくなり、面白い読みものになります。一方で小論文は、論点がたくさんあってはいけません。原則として、１つの文章で、論点が1つだけになるように文章を設計します。

小論文の問題で、「踏まえて」という設問の要求がある場合、原則として、課題文の中の中心命題（筆者が最も言いたかった部分）に対して、（この部分の論点について）あなたの意見を述べることを求められていると考えることが大切です。言い換えれば、「議論に参加してください。」

ということです。

もっと極限までシンプルにこの点について、解説するある小論文講師は、「小論文は、賛成なのか、反対なのかを述べる試験」と説明しています。「イエスかノーかを述べるのが小論文」と、この点について解説がなされることがあるようです。

このように、特定の論点について、言及することで、評価が上がる理由は、論文テストの性格にあります。論文テストでは、自分の意見をあいまいに述べてはいけません。自分の立場をはっきりさせることが大切です。そのため、賛成なのか、反対なのかについて、二項対立の論点の小論文では、はっきりと書くことが大切になってきます。

賛成とも言えるし、反対の立場にも一理あるわけであって、ところでこれこれについては、こうであって、あれも大事で、自分はこれが大切だと思うし、原因はこれだと思うのだけど、対策はこうやっていけばいいと思うし、そうすると全部解決するだろう……。

このような論旨の文章を書いては、評価が下がります。いろいろと述べることで、結局何が言いたいのか分からないからです。

「踏まえて」という要求がある場合、議論に参加することを求められているわけですから、課題文の中心命題に対して、賛成なのか、反対なのかを述べていくことがセオリーとなります。言い換えれば、ハッキリと自分の立場を明らかにすることが論文の世界では大切ということです。

国立大学看護学部の問題でイメージを膨らませよう

ある国立大学の看護学部で、自殺希少地域の研究に関する文章が出題されたことがあります。課題文の内容を簡単に紹介します。

その大学で出題された課題文の内容は、ある自殺が少ない地域に行って、調査を行うと、どうやら、地域住民は、秘密を作らずに、プライベートな内容について、近所の人に何でも話すということが分かった……という内容のものでした。

その地域の住民は、人の話を最後までよく聞き、プライベートな内容であっても、地域で共有するというわけです。

このような課題文が出題されており、その際に、設問では、傍線部の内容を踏まえて、あなたの意見を自由に述べなさいというものでした。

この問題の傍線部は次のような内容が書かれていました。

ここに個人情報の保護という概念は成立しない。

この問題について、どう考えるべきでしょうか。

「個人情報」という言葉に反応しないことが大切です。医療現場では、個人情報が大切なのであって、ああでこうで……などと書いていくと、課題文の内容を理解していないと思われてしまいます。

この手の内容は、「文脈」や「論旨」で理解していくことが大切です。言葉じりに反応してはいけません。

個人情報は大切ですが、筆者が述べたいのは、個人情報の大切さではありません。また、この課題文は、「病院内における個人情報に関する調査」について書かれたものではありません。「自殺希少地域における調査」に関するものです。従って、筆者の問題意識は、(なぜ自殺が少ないのか)というものです。この課題文の筆者の問題意識に基づいた意見を述べることがこの問題では求められています。

極限までシンプルに課題文の内容を読み取ることが大切なのです。極限までシンプルに課題文の内容を圧縮すると、必ず「AはBである。」の形になります。

要するに筆者が言いたいのはこういうことです。

【極限までシンプルに課題文の内容を表した文章】

この自殺希少地域の人々は、多くの近隣住民と、プライベートな内容も共有している。だから自殺が少ないのではないか。

あなたが小論文を書く時、（この問題を解く時）この意見について、原則として賛成なのか、反対なのかを述べる必要があります。

今回の問題では、「踏まえて」述べよという設問が用意されています。個人情報という概念は成立しないという意見は、どこにつながっているのかと言えば、論旨としては次のようになります。

【極限までシンプルに課題文の内容を表した文章＋傍線部】

この自殺希少地域の人々は、多くの近隣住民と、プライベートな内容も共有している。ここに、個人情報という概念は成立しない。だから自殺が少ないのではないか。

この文章は課題文にはありません。しかし、このような論旨のことを言いたいのだろうと考えることは大切です。

今回の問題について、イメージをふくらませるために、簡単に解答例を書いておきます。

《解答例》

課題文では、自殺希少地域の特徴と論考が紹介されている。果たして個人情報という概念が成立しないほどにプライベートな内容を共有する社会は、自殺抑制に効果があるのだろうか。私はプライベートな内容を共有する社会は、自殺抑制効果があると考える。

近年では隣近所の住人の名前すら知らない人が多い。個人情報を保護することには一定の意義や価値があることは言うまでもない。しかし、このような社会では、かつて日本で一般的な文化であった「お互い様」という助け合いの精神と対極的な考え方が支配的である。経済合理性を追求した社会では、個人の所有権が尊重され、富の蓄積と権利行使については、高い合理性が存在する。一方で個人の心や社会的な弱者に対するケアは、個人の権利が尊重されすぎる社会にあっては軽視されがちである。助け合いの心は、個人の生きる負担を軽くし、地域住民に新しい未来を描かせる効果があると考えられる。

以上の理由から、私はプライベートな内容を共有する社会には、自殺抑制効果があると考える。

いかがだったでしょうか。傍線部を見てみましょう。この部分は、結論を導く前提になってます。「前提」というのは、言い換えれば、「論拠」のことです。結論を導く前提ですから、実質的に前提は論拠の1つです。

解答例を見てもらうと、「述べなさい」という要求なのに、ほとんど普通に論じているのが分かると思います。

一般的に出題者は、「目の付け所の良さ」などの発想力を見る場合に、「述べなさい」と要求します。ゴリゴリに論証せず、いくらか本論に自分の意見を書いてもいいでしょう・・・と考えている場合、「論じなさい」ではなく、「述べなさい」と要求することが少なくありません。

今回の解答例で言えば、以下の網掛けの部分が、解答者の意見に近い部分になっています。

助け合いの心は、個人の生きる負担を軽くし、地域住民に新しい未来を描かせる効果があると考えられる。

今回の解答例のように、「述べなさい」という設問の要求であっても、そこそこ、論じる方が、点数が高くなる問題はよく出題されるので、注意しましょう。イメージとしては、『そこそこ論じるタイプの「述べよ」という要求の問題』については、全体の50％程度が自分の意見になってもよいと考えていいでしょう。全体の70％以上いくと意見ばかりになり、危険です。

【まとめ】

▼「述べよ」という問題であっても、「論じる」ことで点数が上がるものがある。

▼どちらなのかの見極めは、出題意図がポイント。

▼「踏まえて」という要求がある場合は、いくらか論じることが大切。

▼『そこそこ論じるタイプの「述べよ」という要求の問題』の場合、意見が50％以上にならないように気をつける。

第五章

Chapter 5

看護・医療系小論文の勉強法

時間をかけずに作文能力・考え方・知識を強化する

看護医療系の小論文を頑張ろうと考えている受験生の特徴は、時間が無いことです。英語や数学、物理、化学、生物などの科目負担が重くのしかかり、勉強時間を捻出できない受験生も多いでしょう。

そこで、限られた時間を、成果につながることだけに集中させることが大切になってきます。

本書を読んだ人に対して、私がオススメするのは、以下の3点です。

▼（1）作文能力………小論文添削で鍛える。
▼（2）考え方…………本書や関連書で鍛える。
▼（3）知識を強化……インターネットや書籍で情報を仕入れる。

それぞれにかかる時間の目安を書いておきます。

▼（1）作文能力………（1ヶ月に）3時間

▼（2）考え方…………（書籍1冊で）2時間　※読むのが遅い人で計算
▼（3）知識を強化……10時間

時間が無いのは分かります。しかし、5時間から10時間程度なら時間があるはずです。正確には、5時間から10時間であれば、時間を小論文のために捻出できるはずです。本当に時間がない人が多いと思うので、優先度が高い順番に対策を書いておきます。

▼第一優先………作文能力
▼第二優先………考え方
▼第三優先………知識を強化

つまり、何も考えずに、この順番で対策を行うのが最も短期間で成果を出すことができるということです。あくまでも理論的な考え方ですが、あれもこれも……と手を出す余裕はないわけですから、まずはこのように考えることが大切です。

作文能力を強化する方法

作文能力を強化するには、添削を受けることが大切です。学校の先生や、身の回りの人に自分が書いた小論文を見てもらいましょう。その上で、改善点を教えてもらいましょう。

学校の成績や模試の成績がよい人は、自分の頭の良さに自信がある人が多いと思います。しかし、小論文は、英語や数学、その他の理系科目ができても、学力に相関が無いので、安心しないことが大切です。

英語や数学ができても、必ずしも小論文の成績が良いわけではない理由は、全く頭の使い方が違うためです。

ここでやっかいなことがあります。小論文という科目は、自分の考えを書く試験なので、美術や技術などの科目と違い、「自分の頭の良さを見せつけたくなってしまう人」が一定程度います。

このような「自分の頭の良さを再確認したい動機」にかられてしまうと、小論文を書くという作業そのものが苦痛になることが少なくありません。その理由は、感情的になってしまうためです。

（私の頭はすごくいいはずなのに、なぜもっと高く評価されないのだろうか。とてもイライラする。）

このように感じるようになってしまうと、小論文の成績を伸ばすことが難しくなってしまいます。なぜこのように考えてしまっているのかと言えば、英語や数学の成績が良いからです。元々いわゆる地頭のようなものがよく、頑張ることもできる若い学生は良い成績を取ります。他の科目の成績が良いのだから、小論文も良いに決っていると考えれば、期待値が上がります。期待値とは、自分が書いた答案の点数に対する期待値です。このような学生は、高い点数がつけられていなければ満足できなくなってしまうということです。

こうなってしまうと、小論文を学んでも、点数に一喜一憂するようになってしまいます。ほとんど、時間をかけたのに、小論文添削から得るものがなくなってしまえば、何のために小論文添削を受けたのか、ということになり、意味がなくなってしまいます。

【まとめ】

小論文の作文能力を引き上げるために、謙虚に感情的にならずに、冷静に小論文添削を受ける。

小論文添削を受ける時には、入門したての入門生の心構えで

小論文添削を受ける時には、自分が優れていると思ってはダメです。

自信があるのは良いことです。

しかし、慢心になってはいけません。

これからたくさんの学びがあると考え、謙虚に教えてもらおうと考えることが大切です。

このように考えている人は、グングン吸収します。

物事をグングン吸収する人は、ドカンと伸びます。

（自分の頭の良さを見せつけてやろう）と考えるのではなく、（出題者の意図を推し量り、なるべく学んだことを的確に表現し、良い評価を頂こう）と考えましょう。

特に医学部を受験する学生は学業成績が突出していることが多いでしょう。

その為、自己主張の強い小論文を書いてしまいがちです。

よくある失敗は、評論家の先生のような立ち位置で、物事を論じてしまう失敗です。小論文試験は、あくまでもテストであり、学生選抜の場です。過剰なアピールや趣旨を理解していないよ

うな論調は避けることが合格への道です。

アルバイト添削に注意

小論文添削を安いからという理由だけで選ぶことには注意が必要です。

学生のアルバイトは、あなた以下の実力であることも珍しくありません。

一応大学生なので、優れた作文能力や指導能力を有しているだろうと思いたくなると思いますが、実際には、他の科目ができたので、大学に合格しているということも少なくありません。

また、お試し添削などで、最初は無料で後は有料というサービスの場合、指導品質を考えずに無料なのでお願いしたくなることもあるかもしれません。

このような場合も、結局ゆくゆくは有料になるので、同じ金額を支払う必要があります。

また、あなたよりも実力が高い人がいたとしても、高校の教員や、小論文の講師ほど実力が（一般的に）高いわけではありません。

実質的なマニュアル添削が行われていることも少なくないので、小論文のアルバイトによる添削には注意が必要です。

時間が無くても、1ヶ月に3時間だけ捻出する

小論文添削のために捻出するのは、1ヶ月に2時間か3時間でOKです。

それ以外の時間は、本書を読む時間や、他の本を読む時間にあてます。

冷静に考えて、配点がある部分に時間を投資しないのは、賢いやり方とは言えません。

本書を読んでる人は、時間が無いので、パニックになっている人も中にはいるでしょう。

こんな時、(時間が無い)と考えれば考えるほどパニックになります。可処分時間がどれだけあるのかを冷静に確認しましょう。その上で、配点比率に応じて、時間を配分していくことが大切です。時間が無いからこそ、この時間配分について、冷静に少しだけ考える必要があります。

そうすれば、どんなに時間が無くても、1ヶ月に2から3時間程度であれば、捻出できることに気づくでしょう。

「時間がないから何もできない」という言い訳を自分に作らないようにしましょう。

ペン入れをしてくれる添削が重要

小論文の添削で大切なことは、コメントではなく、ペン入れであることです。

音声でコメントするような小論文添削の場合、いろいろなことを解説して添削が行われます。するとと、受講生は分かったような分からないような、状態になります。

小論文指導を、電話を通じてすると、「分かりました」と生徒が答えるので、「それでは、どうするのだったか、ちょっと言ってみてください。」と質問すると、「すみません。分かりません。」と生徒が答えることが少なくありません。

このような失敗を防ぐためには、ペン入れを行い、端的にズバリ何が問題でどうすればいいのかを指摘することが大切です。

また、「ペン入れされた小論文添削」は、世界でたったひとつの自分だけのオリジナル参考書になります。この赤ペンでぎっしり書き込まれた答案を束ねて持っておけば、その答案の束を読むだけで自分の小論文の実力がグングン高まっていきます。

それもそのはず。なぜならば、その小論文の答案の束は、あなたが間違え、10点、20点と減点されている部分を指摘しているからです。その部分を修正するだけで、あなたの点数は、10点、20点と引き上がっていきます。

なるべく早目に小論文の勉強をスタートさせる

添削を開始する時期はなるべく早目にしましょう。

直前からでも間に合わないことはありませんが、それだけリスクが上がります。ピアノでも、スポーツでも、なるべく早目に開始していた人はそれだけ上達します。

いつ頃から開始するかは悩ましい問題ですが、医学部であれば半年程度前から、看護学部であれば、配点比率が大きいので、1年前からは小論文の練習を開始するといいでしょう。

就職試験の場合は、1年前から少しずつ練習していくことが大切です。

基本ができておらず、大きな減点となる答案を今までにたくさん見てきました。

そして、彼らが時間をかけて大変小論文が上手になっていくのも見てきました。私の経験から言えば、それなりに上達する最低期間が半年程度です。「半年」程度時間がかかるので、直前からでは無理だと言っているわけではありません。よい形で勝負するための目安が半年間だと考えてください。

既に半年を切っている場合は、なるべく早目に練習をスタートさせるか、この後に私が解説する小論文の勉強に力を入れるといいでしょう。

「考え方」を深く理解するための書籍を乱読する

理解とは多面的なものです。物事を理解するためには、様々な角度から物事を見ていくことが大切です。

小論文を学びたての子が、私の本を複数冊読み、小論文についての理解が深まったと述べることがあります。

様々な角度から多くのことを学ぶことで、理解がより強固になっていくのです。

もし時間が圧倒的に無ければ、本書だけでも構いません。すぐに添削を受けて、受験しましょう。もし少し時間に余裕がある場合や、もう少し小論文の実力を高めたいと感じた場合、本書でご紹介した書籍がお薦めです。

小論文の本の中には、「小論文のルール」などを書いた本もありますが、そこに書かれている内容が、あからさまに論文のルールから外れるような内容であることもあるようです。

そのため、論文の書き方についてはお薦めできる良書はたくさんありますが、小論文の本については、あまりお薦めできるものがないと私は個人的に感じています。

暗記カードを作る

試験会場で書くべき内容を思い出すことができず、困ることがあるかもしれません。そこで、小論文で書くべき内容を記憶するためにカードを作りましょう。

情報カードというカードがオススメです。（Ｂ６判のカード）

カードは以下のように作ります。

表面に問いを書き、裏面に「思い出せなければならない内容」を書きます。

表

どのような場合に、
脳死は、人の死と見なすのか?

裏

脳死状態から
臓器提供の意思表示が
ある場合だけ、脳死は
人の死だと考える。

表

臓器移植問題の
2つの本質とは？

裏

① 脳死は、人の死かどうか
↕
心臓死

② 人は死すべきではないという考えは妥当か？
↕
安楽死

専門よりも常識

小論文試験では、専門的な内容よりも、一般常識の方が点数に結びつきます。医学は、大学で教えるものです。従って、大学で学ぶ内容を先取りしていても、評価されません。ここは、研究計画書と違うところです。

研究計画書は、大学に入る前に書くものです。少なくとも、研究計画書は無くとも、研究構想はなければなりません。

一方で、単なる専門知識は、大学の教員が教えるものです。従ってこれらの専門知識がテストで試されることはなく、書いても浅い知見が露呈するだけだと思っておくくらいの方がいいでしょう。

一般常識は、小論文試験で点数になります。その理由は、(まあ、このくらいは医学部や看護学部を受験するなら、知っておいてほしいな) と教員が感じる内容だからです。

昨今の医療情勢や、医療の問題について調べておきましょう。

終末医療、延命措置の是非、近年増加中の疾病、安楽死の是非など、重要な論点について簡単に情報収集しておくことが大切です。

知識よりも心と向き合う

特定の医療問題について知識があるだけでは、小論文試験で必ずしも点数が高くなりません。その知識に点数があるというわけでもないからです。大事なことは、特定の知識に対する「自分の考え方」です。

その考え方が妥当だと考えられれば、点数が高くなりますが、考えが不適当だと考えられてしまうと、点数が低くなってしまいます。

できるだけ自分が考えていることについて、友人や親などに話してみましょう。その上で、感想を聞くことが大切です。若い時は自分の考えが正しく、他の人が間違っていると考えがちですが、ここで聞く感想とは、内容が正しいかどうかの判断に関するものではありません。あなたの周りの人に、「あなたの考え」を聞いてもらい、次の2点を聞いてください。

(1) 分かりやすかったかどうか
(2) 共感できるかどうか

この2点が大切になる理由は、この2点は点数を落とす2大要因だからです。

たくさん勉強をしてきた人が陥りがちな間違いは、自分は調べた知識を述べているのだから、正しい意見を述べていると考えてしまうことです。

事実を述べていたとしても、大事なことは、その事実から導かれる解釈です。

つまり、自分が持っている意見（仮説）を支える「論拠と根拠」と意見の間の論理的整合性がチェックの対象となっているということです。

また、単に論理だけがチェックされているわけではありません。論理的に妥当なことを述べていても、共感されない場合、単なる正論になってしまいます。従って、やはり説得力は無いということになってしまうのです。

知識よりも、心と向き合うことで、医療看護系の小論文では、高い点数になると考えましょう。

【重要ポイント】

▼「知識」よりも「心」と向き合う方が、点数が高くなる傾向がある。

ケンカにならないように議論してみよう

多くの人は自分の意見に自信があります。自分は間違っていないと多くの人が思っています。小論文試験では、このような自信があだとなってしまうことが少なくありません。

その理由は、自信がある人の論調にあります。自信がある人は、自分の意見が正しいと思っているため、論調が乱暴になりがちです。

こうなってしまうと、説得力は激減します。そこで、このような失点を防ぐために、簡単な議論を行うという方法があります。

友達に自分の意見を話してみましょう。この際に必ず理由とセットで自分の意見を述べるようにします。やり方は簡単です。次のように話してみましょう。

私は○○について、○○だと考えます。なぜならば、○○だからです。

この短い文章の中に自分の考えを入れ込むように話をしてみましょう。

ほとんどの人は理由を話すことができません。理由を話すことができないということは、論文テストでは、点数を取れないということです。

従って、この点をクリアできるようにしておけば、得点しやすくなります。

ただし、ここで注意点があります。ケンカにならないように、遊びで議論するということです。何も真剣勝負の議論をしましょうというわけではありません。双方で、「遊びの議論」をするということについて、合意を形成しましょう。その上で、軽い遊びとして、意見を戦わせてください。くれぐれも熱くなり、ケンカにならないように気をつけましょう。

第六章

Chapter 6

2年連続で「日本一」を輩出する塾長が教える高得点の秘訣

話がそれないようにする

大変大事なことなので、復習的な内容をご紹介しておきます。

多くの小論文の答案は、話題がコロコロ変わります。話題だけではなく、論点がクルクル変わってしまいます。

小論文では、原則として、「一論文一中心命題の原則」が大切です。一論文一中心命題の原則とは、1つの問いに対して、1つの答え（意見）を書くことだと考えましょう。

話がそれないようにするために、「問い」を設定することが大切です。

（問いなど設定しなくても、意味は分かるのだから書かなくてもよい）と、多くの人は考えています。ところが、ほとんどの受験生が書く小論文は内容が不明確で分かりにくくなっています。

その理由の1つは、何が論点なのかが不明確であることにあります。問いを設定した場合、何が論点なのか分からないということはありません。問いを設定している部分が論点になるため、問いを設定している文章は、非常に分かりやすくなります。また、学問を行っている大学教員は、小論文の答案を読み、問いを発見した場合に、すぐにその問いの論点が、中心命題に関わる論点であると分かってくれます。

問いを設定すると、書く側もその問いの論点を意識することができるようになり、自然と論点がそれにくい文章になります。

結論から書く

最初に結論を書くことに抵抗がある人がいます。最初に結論を書くと、最後にも書くので不適当なのではないかと考える人もいるようです。ところが、学術論文では、一般的に最初にアブストラクトと呼ばれる結論を書きます。

最初に書くのは、自分の結論であり、仮説ではありません。従って最初の意見提示の部分で述べる意見と、最終結論の論点を合わせることが大切です。

また、結論が無い構文で書こうとしている人は、必ず結論を書くようにしましょう。結論が無い文章は、(結局何が言いたいの?)となりがちです。そもそも論文は必ず結論を書くものなので、結論が無いというのは、大変まずいと言えます。

最初に結論から述べていくのは経営系の論文なのだという、独自の説を唱える人もいますが、これについては無視することをオススメします。要約を最初に書くのは、どのような学問でも共通した論文のスタイルと言えます。

小論文のスタイルとして望ましいのは、端的かつ具体的な物言いです。
結論から書いていきましょう。

理由が書けなくても意見を乱発しない

自分に自信がある人がよく書いてしまいがちな答案は、意見を連発する答案です。
例えば次のようなものです。

【良くない事例】

◯◯が大切である。
◯◯していけば問題は解決する。
◯◯については、◯◯なのである。
◯◯が原因なのだ。
従って、◯◯していけば良いのである。
◯◯することで、◯◯の問題も解決するだろう。

この手の小論文は、30点もらえれば良い方だという認識が大切です。何の論拠も述べられていない為です。ここまでは、本書で勉強しました。大事なのはここからです。

そもそも理由を書くのは簡単ではないからこそ、試験になっています。小論文試験とは、理由を書く試験と言っても過言ではありません。小論文で問われているのは、あなたなりの物事の紐解き方です。これは言い方を変えると、物事を考察する際の重要判断基準を書く試験と言えます。

従って、理由を書くのが難しいので、意見を書いた……という考えは通用しません。

必ず論拠（理由）か、根拠（データ）を書く必要があります。

小論文を書く際に、理由を書くのが難しいので、なんらかの構文を使いたいと考える人もいるかもしれません。

これも全く同じ理由でオススメできません。

多くのケースで、構文というのは、主張を書く内容になっています。

つまりこういうことです。

【良くない構成例】

意見提示 ←

構文を用いた新しい意見
←構文を用いた新しい意見
←結論

このように、理由が書けないからといって、意見を連発している場合、何の根拠もなく自説を展開していると考えられてしまいます。自分の思考を客観視する力が不足していると思われてしまうと、評価が下がってしまいます。

理由が書けなくても、意見を連発しないことが大切です。

最悪でもエピソード

何も書けない場合、自分の個人的な体験談を書いても構いません。しかし、これはあくまでも、最後の手段だと考えてください。

原則として、小論文は、理由とデータを書いていきます。

つまり、主張を書くことができないとしても、理由かデータを書いていくということです。間違っても、原因や対策案を述べていかないことが大切です。（近年原因を書いて対策案を書けばよいとする指導があるようです。）

書くことができなくなった時に苦し紛れで意見を連発するミスを多くの人がやってしまいます。このような失敗をするくらいなら、個人的なエピソードを書く方がはるかにましです。個人的な体験談は、客観的に見た場合、サンプル数1の実験に似ているので、ほとんど説得力は無いのですが、それでも事実は事実です。従って、意見（単に思っていること）よりはるかにましです。知識（知っていること）、体験談、理由、データなどを本論（論証を目的とする段落）には書きましょう。

謙虚になる

文章には、論調というものがあります。小論文を書く際には、どのような調子で述べているのかも評価の対象となります。

論文テストでは、独善的な文章は、評価が下がります。妙にへりくだる必要は全くありませんが、偉そうな文章は書くべきではありません。

謙虚になると、論調が変わります。

冷静で、謙虚な姿勢を見せましょう。論文は本来客観的に書くものです。従って、謙虚なのかどうかということは、本来あまり問題にされません。そもそも、論文は、態度や姿勢を文章に示すタイプの文章ではないからです。ところが、仮に学術論文のような、高度に客観性が求められる文章であったとしても、謙虚な姿勢は論文に現れます。

その理由は、自分以外の先人が残した研究成果をリスペクトできているかどうかが論調に現れるからです。(先行研究のレビューなどという作業のプロセスで、現れることが少なくないでしょう。)

先人が残した叡智に何ら関連が無い独自の理論を打ち立てることは、不適当ではありませんが、少なくとも先人の叡智に敬意を払う態度が理想的です。

小論文でも、自分が絶対に正しい、自分の知性が際立って高いというような論調を避けましょう。問題は、あなたがどうかではなく、あなたの論調が読み手に与える印象にあります。

心の状態は少なからず読み手に影響を与えるので、謙虚になることが大切です。

感性をフルに活用する

文章の印象は、読み手の感情に大きな影響を与えます。良い印象の文章は、読み手に好意的に受け取られます。

従って、読み手の感情をイメージしながら、文章を書く必要があります。自分が書く答案は、どのようなイメージを読み手に与えるのかを常に意識しましょう。

読み手がどのような感情を持つかを推測することは、感受性の問題です。感性を働かせることを私たちは日常的に行っています。友人と話をする中で、相手がどのように感じるのかを私達は常に考えています。この時のように、小論文を書く時にも頭を働かせることが大切です。

一般的に「どのように書くか」ということを重視すると、この感性が失われていきます。どのような「方法」で書くかばかりを考えていると、感性を働かせることができなくなってしまいます。

多くの人が高い点数を取ることができない理由は、このように「方法至上主義的」な考え方・頭の働かせ方をしていることにあります。

いきなり書かず、分析↓思考↓論述で考える

小論文を書くことができないと感じている人は、多くのケースでいきなり書こうとしています。原稿用紙を目の前にして、いきなり埋めることを考えると、書きにくくなります。

書く前に考える必要があります。このあたり前のことが、小論文の指導現場では軽視されていることが少なくありません。小論文試験では、あなたが考えたことを書きます。従って、考える質が低ければ、点数は低くなってしまいます。

考える質を引き上げる必要があります。

考える質を引き上げるには、考察対象を紙に書き出し、考えることが大切です。

人間は自分の頭だけで物事を考えると思考力が低下します。

考える力をアップさせるもっとも簡単な方法は、紙に書くという方法です。

そこでまず下書き用紙の中央に問いを書き、その周辺に情報を落とすように、文字を落としていきます。この作業は、分析と思考のために行います。

小論文を書くステップは、分析↓思考↓論述です。いきなり書こうとしないようにしましょう。

カンタン123という書き方

小論文は、分析→思考→論述というステップで書くということをご紹介しました。この3つのステップをイメージしやすくしたのが、私が「カンタン123」と名付けた小論文の解法ステップです。

この方法を指導した子の中には、世界一の理系大学と言われるマサチューセッツ工科大学の博士過程に合格した子もいます。

カンタン123という書き方では、以下の3つのステップで文章を書いていきます。

【カンタン123のステップ】

▼ステップ1「広げる」…………下書き用紙に考えを広げる
▼ステップ2「まとめる」………広げた内容をまとめ、考えをまとめる
▼ステップ3「押し広げる」……下書き用紙の構成案を見ながら文章を書く

受験生によっては、複雑なことをやっていきたいと考える人もいるかもしれません。シンプル

イズベストです。複雑なことをやれば評価されるわけではありません。また、複雑なことをやるから高度なことをやっているわけでもありません。

そもそも、思考方法や発想方法と呼ばれるものは、この世の中にたくさんあります。それらは全て、「発散」と「集約」というステップに分けることができます。何百種類思考法があっても、すべてに共通するのは、「発散」と「集約」です。ここに思考の本質があります。

このカンタン123は、人間の思考原理に照らして、もっとも本質的なこの「発散」と「集約」を形にしたものです。

私は大学院で、世界一と言われるコンサルティングファームの代表を務めた大前氏に思考方法を学びました。

適切な考え方は、かなり複雑なものですが、シンプル化すると、私がここでご紹介した「カンタン123」のように、カンタンにすることができます。

以下のページは、「思考力の教科書」というウェブサイトです。ここでご紹介した考え方を含め、どのように物事を考えるのが良いのか、どのように考えることが不適当なのか、それはなぜか、などについて、詳しく書いています。（動画授業付き）

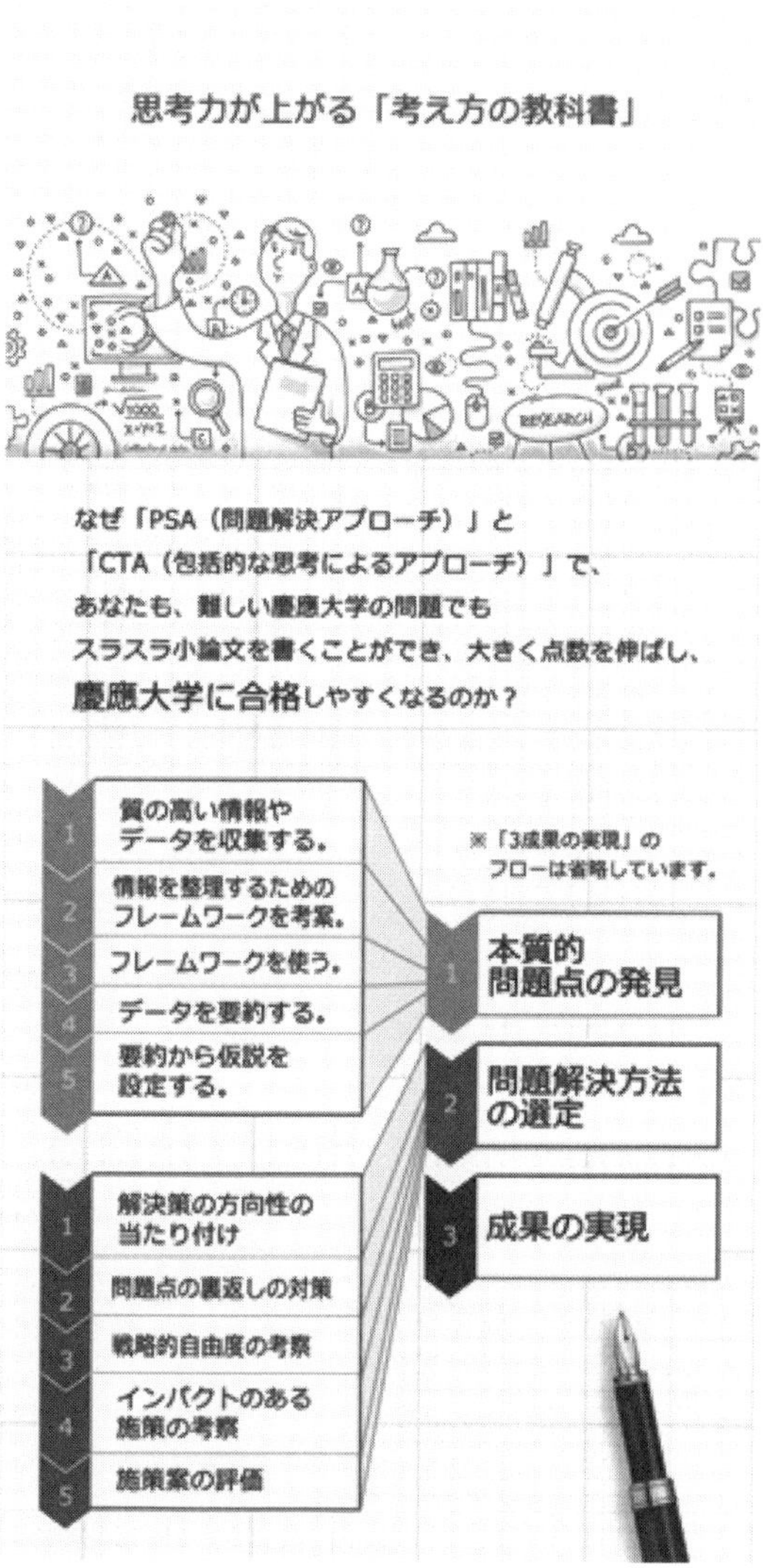
思考力が上がる「考え方の教科書」
RESEARCH
なぜ「PSA（問題解決アプローチ）」と
「CTA（包括的な思考によるアプローチ）」で、
あなたも、難しい慶應大学の問題でも
スラスラ小論文を書くことができ、大きく点数を伸ばし、
慶應大学に合格しやすくなるのか？
1 質の高い情報やデータを収集する。
2 情報を整理するためのフレームワークを考案。
3 フレームワークを使う。
4 データを要約する。
5 要約から仮説を設定する。
※「3成果の実現」のフローは省略しています。
1 本質的問題点の発見
2 問題解決方法の選定
3 成果の実現
1 解決策の方向性の当たり付け
2 問題点の裏返しの対策
3 戦略的自由度の考察
4 インパクトのある施策の考察
5 施策案の評価

「広げる」のステップ

カンタン123の最初のステップである「広げる」のステップでは、設問で問われている論点を真ん中に書き、その周辺に、問いに関連する「キーワード」を書いていきます。

本書でもご紹介した、「あなたの看護観を述べよ」という問題で考えてみましょう。

ここでは、設問をオウム返しにして問いを作ることができないので、「理想的な看護観とはどのようなものか」という問いに変換しますよ。

次の図は、下書きの事例です。

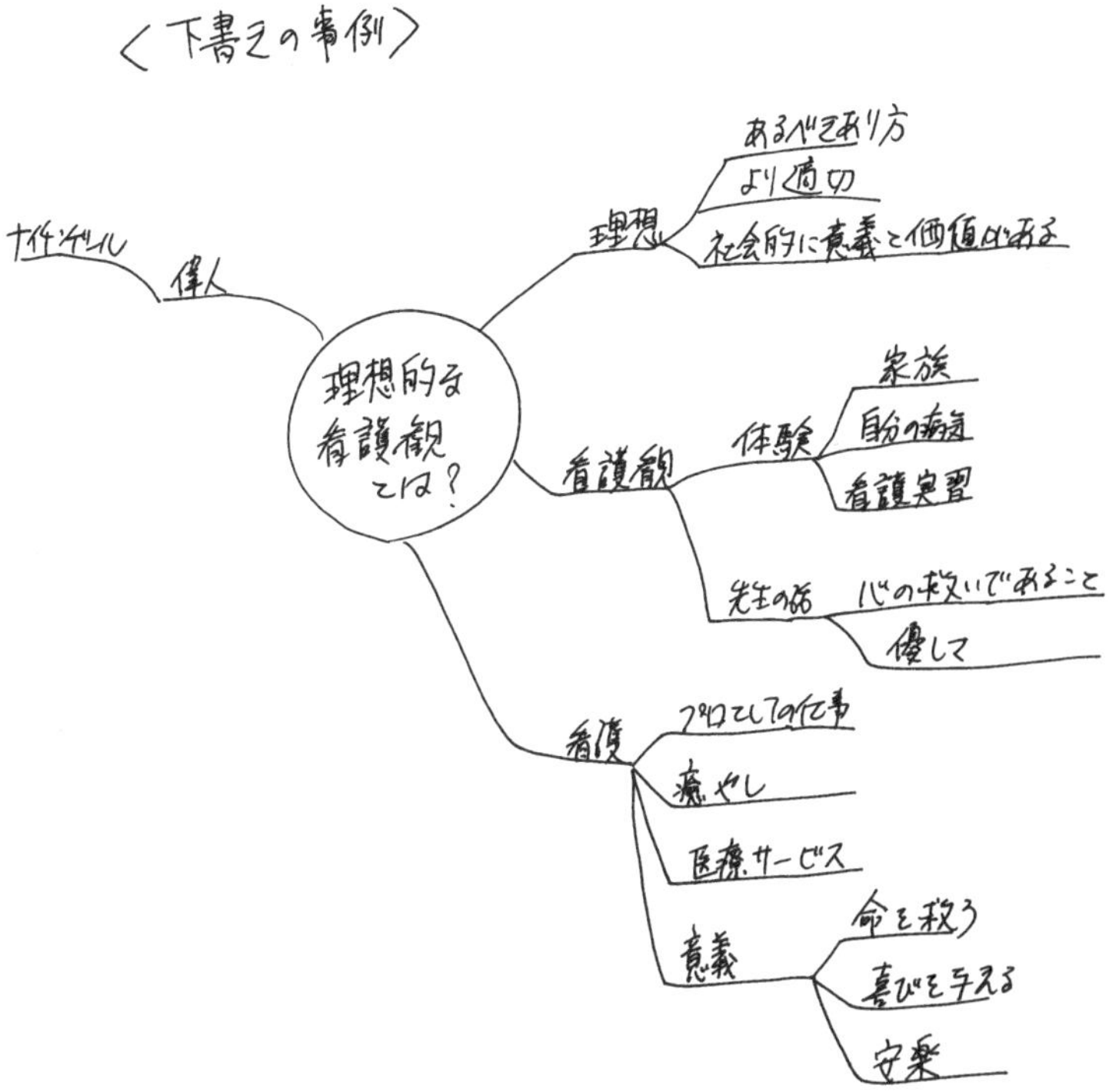
〈下書きの事例〉
理想的な看護観とは？
理想
あるべきあり方
社会的に意義と価値がある
偉人
ナイチンゲール
看護観
体験
家族
自分の病気
看護実習
先生の話
心の救いであること
優しさ
看護
プロとしての仕事
癒やし
医療サービス
意義
命を救う
喜びを与える
安楽

中央の、理想的な看護観とは？　という問いから連想されるキーワードを周辺に書き、枝を広げていきます。この時に、思考に制限をかけないようにしましょう。思いついた内容は全部落としていって構いません。

頭の中にイメージや映像を思い浮かべ、言葉をどんどん落としていきましょう。

この段階では、何も考える必要はありません。何も考えずに、キーワードを落とすことだけに努めます。また、この段階では、ずるずる文章を書かないようにしましょう。必ずキーワードだけを落とすようにします。

論理的に物事を考えず、感性を働かせて、頭に浮かぶ内容を書き留めていきましょう。

「まとめる」のステップ

カンタン123の第2のステップは、「まとめる」です。「まとめる」とは、「発散」の作業によって、思考を広げた内容について、時にはグルーピングを行い、何が言えるのかを考察するステップと言えます。

この点については、あまり方法に頼りすぎないことが大切になります。

こうやれば良い考えが見つかるという絶対の方法はありません。数学の定理や公理を発見する人が、方法で発見していないのと全く同じです。大学受験までの数学では、作られた解法を覚えれば、問題を解くことができます。しかし、一度数学者になってしまえば、今度は画家と全く同じように頭を働かせ、誰も解いたことがない数学の実態に迫らなければなりません。大げさに言えば、これと同じように、小論文試験でも、何が起こっているのかについて、推し量るステップが必要になります。

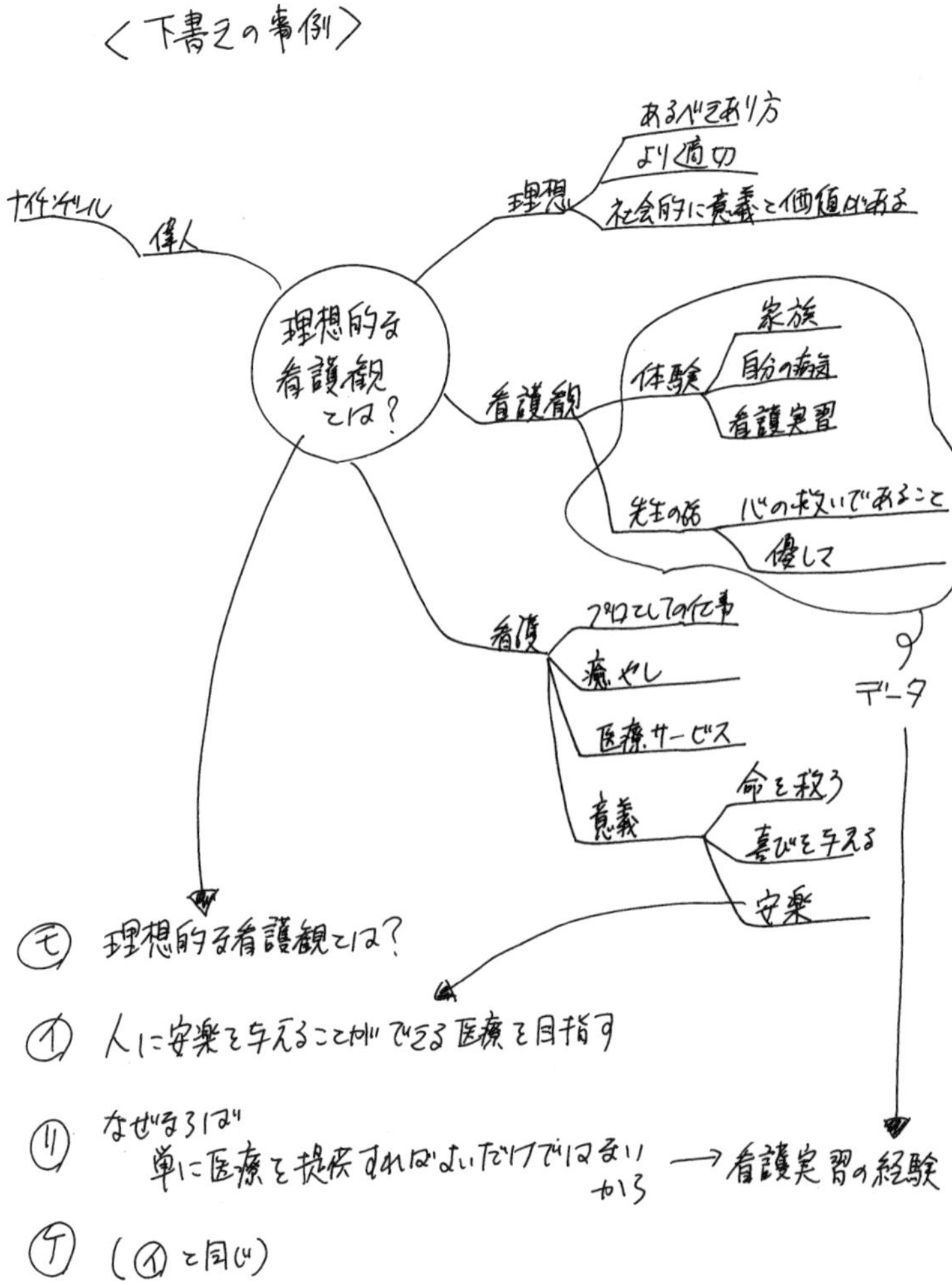
〈下書きの事例〉
理想的な看護観とは?
ナイチンゲール
偉人
理想
あるべきあり方
より適切
社会的に意義と価値がある
看護観
体験
家族
自分の病気
看護実習
先生の話
心の救いであること
優して
看護
プロとしての仕事
癒やし
医療サービス
意義
命を救う
喜びを与える
安楽
データ
テ 理想的な看護観とは?
イ 人に安楽を与えることができる医療を目指す
リ なぜならば
単に医療を提供すればよいだけではないから → 看護実習の経験
テ (イと同じ)

〈感性的に考えるアプローチ〉

この「まとめる」の段階では、まとめる前に、直観的に自分の意見が決まっていても構いません。

もし決めることができない場合、判断のための重要な意思決定の材料が定まっていない状態なので、データをまとめていくことが大切になるのです。

例えば、下書き用紙を見てみましょう。データでくくっている丸の部分を眺めて、「要は何なのか」を考えます。この「要は何か」という考え方が大切です。

一度広げたものを見て、他の下書きもぐるりと眺め、何が言えるのかを考えます。このように頭を働かせていくと、考えやすくなります。

誰でも一定程度判断能力が引き上がります。

そして、（よしこの方向性で書いてみよう）という意見が決まったら、左下の「構成案」の部分にモ・イ・リ・ケなどと書き、（問題設定↓意見提示↓理由・データ↓結論の略です。）ここに書くべき内容をまとめていきます。

〈論理的に考えるアプローチ〉

ここまでにご紹介した内容は、直観的に方向性を決める方法と言えます。

直観的に方向性を決める方法以外に、方法が全く無いわけでもありません。私が大学院に在学中、東大卒、東大卒の医師、東大大学院修了者、東大博士課程修了者、京大卒、旧帝大卒の医師、国立大学卒の医師などのクラスメートの中で、成績優秀者になった論文執筆法があります。この方法は、『小論文の教科書』という本の中で、赤裸々に書いています。「LP発想法」と私が名付けた方法は、考察対象を論理的に分解し、その分解した内容を論拠として、意見提示を行う方法です。論理的に考察し、論理的にまとめて、論理的に述べるので、評価が高くなるのです。

また、このような方法論については、ごく一部、否定的な考え方を持つ人もいるようでしたが、どのような結果が出ているかと言えば、この方法論を教えている私が運営する塾の生徒は、日本一の成績になりました。(偏差値87・9) 本書でもご紹介しているように、日本でトップレベルの成績になる生徒が続々と生まれています。こんなの全くダメだと言う人もいるかもしれませんが、結果はふたを開けてみると、ダントツぶっちぎりの日本一なのです。このように、小論文の執筆方法や考察方法については、様々な意見が氾濫しています。

ここでご紹介したように、『小論文の教科書』にまとめている考察ステップで文章をまとめても、感覚的に物事を考え、グルーピングをしても、どちらでも構いません。

このような作業を通して、下書き用紙に論理構成・文章構成をまとめます。

「押し広げる」のステップ

カンタン123の最後のステップは、「押し広げる」です。「押し広げる」というのは、下書き用紙を見て、そこに書かれた論文構成案を膨らませる作業だと思ってください。

原則としてやるのは、「詳しく述べること」だけです。

下書きの「構成案の内容」を、見ながら、その内容を膨らませていきます。先程の下書きの左下の部分に書いた内容が構成案です。単に詳しく述べればいいと考えてもOKです。

小論文を書くことができない……と感じている人は、自分が考えた内容を詳しく伝えないことが少なくありません。大雑把になんとなく考えていることをとりあえず書こうと考えていると、文章を書けなくなってしまいます。その理由は、すぐに終わってしまうからです。問いを書き、意見を書き、理由を書き……このあたりで終わってしまうのが、書けない人のパターンです。

大雑把になんとなく考えていることをざっくり伝えないようにします。

背景を書いてみたり、言い換えたりして、あなたが考えていることをきちんと伝えましょう。そうすれば、どんどん書けます。

そして、大事なことは、受験生の書く答案の7割程度は、何を言いたいのかが全くわからないということです。伝えるということは、大変難しいことです。

ただでさえ伝わらないわけですから、詳しく書く方がいいのです。

詳しく述べるということは、冗長に述べることとは違います。

回りくどい答案を書くと、点数が下がってしまいます。

詳しく述べるということは、端的に書くということです。

要点を端的に述べ、読み手が分かるように、「具体的に」書きます。

読み手は、具体的に書かれていなければ、書かれている内容を理解することができません。

「押し広げる」というのは、具体的に述べることです。

具体的に述べるとは、「具体例を書く」ということではありません。中には、具体例を書けと教えられている人もいるようです。このように指導された人の小論文は、「具体的に言うと……」などと書くのがパターンになっており、どうしても、論文的でなくなってしまいます。具体例を書くと、多くのケースで陳腐化してしまいます。論文はそもそも具体例を書くものではありません。

「例」ではなく、言いたいことの補足説明を書くことが大切です。

例えば、「私は安楽を提供する看護観が大切だと考える。」と書いたのであれば、安楽とは何か、安楽を提供する看護とは、一般的な認識とどのように違うのかを書けばいいのです。例えば、以下のようなものは、具体的に述べている例です。

【具体的に述べる例】

病気やけがで病院を訪れた患者は、痛みや不安で苦しい思いをしている。この痛みや不安を和らげることも、大事な看護の仕事である。

このように書けば、安楽を提供する看護とはどういうものなのかが分かります。自分に見えている世界を言語化していくことが大切です。

例を述べるようなやり方は、「あなたに見えた世界」から目をそむけ、似たような事例を述べるやり方と言えます。このようなことをやっていると、自分が述べたいことを伝えることができません。また、読み手も常に類推をしなければならなくなってしまいます。お互いに類推ゲームをするような、おかしな状況が出来上がってしまうということです。もちろん、具体例は絶対にダメというわけではありません。原則として考えないということです。具体例を出した方が、よいケースでは、そうするといいでしょう。しかし、このようなケースは大変稀です。

第七章

Chapter 7

心構えと注意点

必ず受かると考える

物事をネガティブに考える人がいます。

受かるかどうか心配なので、やっても意味がないと考える人もいます。

このように考える人は、本当に受かりにくくなってしまいます。無理矢理にでも、ポジティブに考えましょう。大学受験でも、就職試験でも、必ずうまくいくと考えることが大切です。

多くの人は、（精神論なんて意味がない）と考えています。

ところが、現実には、強い意志が、成果を変えてしまいます。未来を変えたいという強い意志を持ちましょう。ダメだと考えると、どんどん元気が無くなり、意思が弱くなっていきます。

ポジティブに考えることができない人は論理的に考える

どうしても、物事をポジティブに考えることができない人もいます。マイナスに物事をとらえてしまい、斜に構えてしまう人です。

このような人は、論理的に考えることでうまくいきます。小論文の平均点は、50点程度であるのが一般的です。どこを直せば、10点加点されるでしょうか。ほとんどの受験生は構成がダメです。したがって、本書でご紹介している構成で書けば、点数は10点アップです。次に内容の点数を上げましょう。内容は、論理的整合性や経験的妥当性のことです。そこで、論証プロセスを見直すことを考えてみましょう。どうすれば論理的になるのでしょうか。論証プロセスを改善し、より一層論理的な内容を書けば点数が上がります。具体的には仮説を述べた後は、論拠と根拠を整理して書きます。その際に、より一層論理的な内容となるように、どのような理由が評価されやすいのかを学習しましょう。拙著『小論文の教科書』を参考にしてみてください。これで、さらに10点アップです。論理的に書くことができていて、構成がしっかりしていれば、70点近く取得することができるようになります。

さらに、発想点と表現点を引き上げることを考えましょう。発想に関しては、論理的に発想する技術を身につければ、誰でもある程度発想できるようになります。そのための具体的な方法は、『小論文の教科書』（エール出版社）にも書きました。

物事をネガティブに考えて、不安でいっぱいになってしまう人は、不安そのものを見ていることが少なくありません。

不安を見れば見るほど、人は不安になります。不安そのものを考えても、よいことにはなりません。解決策にフォーカスすることを考えましょう。解決策のリストをいくつも作ってみましょう。

あんな方法もある、これもある、これもまだやっていない、こんな解決策もある……という具合に、多くのやり方があることに気づくでしょう。本書でも、ここまでに多くの解決策をご紹介してきました。

不安を感じやすい人は、何を知っても、そこにあまり価値があるように感じられないことが少なくありません。物事には、感じる価値と実際の価値があります。実際には点数が倍になっていても、感じる力がない人は、あまり喜びません。そして、相変わらず、不安だわ……と思うものです。このように、主観的にネガティブなイメージを頭に抱く人は、客観化することが大切です。一つ一つ改善して、総合的に改善しないことはありません。私が本書でご紹介したメソッドは、日本トップの成績を続出させているメソッドです。ぜひ多面的に、点数を引き上げて、客観的に考え、明るく考えてください。自分からネガティブに暗く、暗く考えていくと、人生がどんどんつらく、苦しくなっていきます。あなたの人生です。未来は明るい、なぜならば……といくつも対処法を考えていきましょう。

きちんとした文章を書く

論文テストの答案は、本書のような一般書の内容よりも、ぐっと一段高いレベルで、きちんとした文章を書く必要があります。

一般書の規範と、小論文の規範は違うということです。

ここで、「小論文のルール系」の本を読むと、頭が混乱すると思います。なぜならば、私もざっと小論文のルール系の本を読みましたが、内容が極めて理論的であり、逆に点数が低くなってしまう指導が多いためです。

口語は一般的に文語のような規範がほとんどありません。

文語になると、まあまあ規範が厳しくなるのが一般的です。口語では許される表現が、文語になると許されなくなりやすいということです。ただし……本書のような一般書では、文章はあくまで「作品」ですので、表現については、著者の自由です。

一方で、小論文の場合、「作品」ではなく「試験」ですから、どう書いても自由ですが、規範を守らなければ、点数は低くなります。また、一般書と論文テストの答案では、目的も違います。

一般書の目的は、本書の場合「点数の引き上げ」です。従って、「格調高く書かれた点数が上がらない本」よりは、「格調を無視しても点数が上がる本」が良いという解釈も成立します。論文テストの答案では、「能力を示すこと」が目的ですので、能力を示すことができない答案は点数が低くなります。

（別にこんな表現でも、一応通じていると思うし、問題ないっしょ?）という考えは、採点者には通用しないので、注意が必要です。

それでは、いくつか、きちんとした文章を書く上での注意点を列挙します。

【趣旨を理解する】

小論文のテストでは、趣旨を理解することが大切です。例えば、「10歳の子供に説明するように述べよ」という問題が出題された場合で、注意書きが書かれており、「口語で述べる必要はない。」などとある場合、きちんと文語で書きましょう。

このような場合、「○○なんだよ。」などと書く必要もなく、文語を崩した形で書く必要もありません。赤ちゃん言葉で説明せよという問題ではありません。厳しく自分の言葉を論文調にする必要があります。ところが、小論文の添削を受けた時に、「10歳の子供に説明するように述べよ」とあったので、別にいいと思います。などと反論してしまう人がいます。こういう人は伸びません。趣旨を理解しないためです。

小論文の評価は一発で決まります。「別にこれでもいいかどうか」などで評価が決まったりはしません。自分が（別にこれでもいい）と思っていても、不適当な文章表現を用いれば一発で不合格になってしまいます。従って、（これでもいい）（これくらいならいいと思う）などの考えを頭から消すことが大切です。つまり、あなたは次のように考えていると、論文試験では考えられています。

私が書いたこの答案の文章は、私が限界まで頑張ってより良い答案であると、見なしている文章であり、これが私にできるベストな答案、文章表現なので、他のライバル受験生よりも程度が低ければ、どんどん相対評価のテストですから、減点してもらって当たり前だと私は考えています。

あなたはこのように考えていないかもしれませんが、論文テストの答案に書いた文章は、こういうことだと考えられています。（別にこの程度のゆるい表現を使ってもいいと思う）という考えは、根本的にずれてしまっているということです。

【口語的な文章は書かない】

口語的な表現とは、話し言葉であるということです。
以下の文の×印は、良くない例であり、〇は改善例です。

×：〇〇ということであって……
〇：〇〇ということであり、

×：なので（文頭に「なので」を用いない）
〇：従って

【文章を短くする】

「文章をわかりやすくする」というテーマの際にもご紹介しましたが、文章はなるべく短い方が良いと考えましょう。非常に点数が上がりやすくなるポイントなので、ここでも、別角度からご紹介しておきます。長い文章は、きちんとした文章ではないと考えましょう。厳密には必ずしもそうではないのですが、全力で文章が長くなることを回避するくらいでちょうど良いので、このように考えても差し支えないでしょう。

文章が長くなると、一般的に何を書いているのかよく分からなくなります。

また、長い文章を書く子は、文法的なミスを多発します。

書かれている文章が分からない場合減点につながります。文法的なミスがあれば、減点されます。

文章を短くするには、端的な物言いで具体的に述べる癖をつけることが大切です。

何が要点なのかが分からない文章は書かないようにします。

長い副詞句をたくさんつけないようにしましょう。文章が長くなる人は、不要な説明をたくさんつけています。

例えば、人にトイレがどこにあるのかを尋ねる場合、「トイレはどこですか？」と質問すれば、何が言いたいのかすぐに分かります。しかし、文章が分かりにくい人は、次のように不要な説明をたくさんつけてしまいます。

「昨日の夜に食べた食べ物がとてもおいしかったので、ワイワイ楽しみながら食べていると、ついつい食べすぎてしまい、いつも以上に食べてしまったので、お腹の調子が悪くなってしまって、その後寝たら回復すると思ったのですが、あまり回復していなくて、朝起きたら、やっぱりお腹の調子が悪くて、お腹が痛いみたいなんで、トイレに行きたくなったのですが、トイレはどこにあるのでしょうかね？」

極端な事例ですが、小論文が不得意な人はこのような文章を書きがちです。全部不要なのがお分かりいただけると思います。「トイレはどこですか？」とだけ質問すればいいのです。同様に、小論文でも、何が言いたいのか、述べたい内容の中核を中心として、述べていきます。その上で、（これは書かなければ何の話なのか分からないな）と思われる部分だけ、補足的に具体的な内容を述べていくというスタンスが大切です。

短くすれば良いというのは、カタコトの日本語のようになれば良いというわけではありません。ただ、全体の８割の受験生は、ついつい長い文章を書いてしまいがちです。従って、とにかくポイントだけを短く書くと考えているくらいで良いのです。

【主語はなるべく書く】

私達が日常生活を送る際に、文語はあまり必要ではありません。例えば、友人と会話をする場合、「これからどこに行く？」と質問すれば、何が言いたいのかは分かります。しかし、小論文では、この手の文を書いてはいけません。

文章を短くするほうが良いと言っても、文語ではない文章を書いてしまえば、小論文試験では評価されません。短いほうが良いというのは、あくまでも、文語として、書いた上で、なるべく短い文章を目指すということです。

従って、主語はなるべく書くようにしましょう。

次の文章は、主語が書かれていないケースです。

《主語が抜けている事例》

この単独世帯数の増加は、高齢女性が著しいため、介護人なしでは、生活困難に陥る可能性があると懸念する。

《改善例》

単独世帯数の増加により、介護人なしでは、生活困難な状態に陥る高齢女性が増加することを、私は懸念している。

このように、主語をきちんと書いて、文章を設計することが大切です。

【体言止めは書かない】

作文では、いくら体言止めをしても構いません。例えば、「作文」の場合、次のような文章を書いても、極端な話ですが、許されます。

私達の青春。体育祭で高鳴る私達の鼓動。その時に先生が言った言葉。

こんな具合いに、体言止めを連発しても、一応規範としては、作文試験であれば、ダメというわけでもありません。しかし、小論文ではやってはいけません。

体言止めを書いていると、採点者の感覚としては、（なめてるのかな？）という感覚を持つ人もいるでしょう。（論文試験でも体言止めくらいいいでしょ？）という態度に見えることがあるためです。体言止めは、減点の対象になると考えましょう。

成長していないと考えない

小論文が伸びない人の共通点は、（自分が成長していない）と思い込むことです。

本当は成長していないわけではありません。強く（自分は何も成長していない）と思い込んでいるだけです。

成長しない人が（自分は成長していない）と強く思い込む理由は、できないことにフォーカスし、ネガティブに意味づけをすることにあります。

例えば何かを教えてもらったとしましょう。その後に小論文の問題を解いてみて、少し思いつかないと、教えてもらったことは全部意味が無かったんだ……と間違った意味づけをしてしまいます。

ここで起こっている現象は、単にまだ発想に関するスキルレベルが未熟であるというだけです。この問題を解決するためには、小論文に関してたくさん存在する多くのスキルの中で、発想に関するスキルを強化した上で、発想力を引き上げる因子を改善してやればいいのです。

発想力に関する因子とは、例えば「知識を入れて知見を広げる」、あるいは、「マインドセットを変革する」、「メンタルブロックを外す」、「発想スキルを強化する」などです。

これらの対策を多面的に行うことで、人は発想しやすくなります。

指導を重く受け止める

自分が成長していないと強く思い込む人は、指導を軽く受け止めていることが少なくありません。自分ではそんなつもりは無くても、しっかりと重く受け止めている人に比べて、圧倒的に指導を軽く受け流していることが多いものです。

例えば本書の読者の方でも、本書のアドバイスを重く受け止めている人もいれば、(別にその通りにしなくても結果なんて変わらないでしょ) などと軽く受け止めている人もいます。

私の経験から言えば、小論文の成績が伸びる人は、アドバイスを圧倒的に重く受け止める人です。

ここでご紹介した事情については誰に教わっても同じことが起こるというわけではありません。間違った内容を教わっている人の場合、指導内容を重く受け止めると、劇的に点数が下がっていきます。

私が運営する小論文の塾は、全国模試小論文1位の報告を3年連続でいただいています。私は小論文試験で平均9割の点数が取れます。大学院に私が在籍していた時には、東大卒がたくさんいるクラスで、私は成績優秀者になっています。成績優秀者の書面も、大学院博士課程受験時の点数も私はオンラインで公開しています。こんな塾はありません。ですから、私の指導を重く受け止める人は、点数が伸びるというわけです。

・私のクライアントで、1万人中全国10位になった子がいます。この子は、現在大学を卒業し、官僚となり、働いていますが、未だに私に小論文を教えてくださいとメールで連絡をしてきます。

・私のクライアントで、小論文全国模試1位になった子が何人もいます。全員私が教えた通りに書いていた子です。非常に素直に書いて、偏差値87・9です。この画像もオンラインで公開しています。（本人の了承を得ています。）

・私のクライアントで、小論文全国模試4位に二度なった子がいます。この子は、慶應義塾大学SFCという小論文が難しい大学に合格し、私のことを「小論文の神」と読んで、いろいろな人にお勧めしているそうです。

・私のクライアントで、小論文全国模試6位となり、慶應SFCにダブル合格した子がいます。この子は、「なかなか教えてもその通りにやらない子もいるんだよね」と私が話をした時に、真顔で「えっそんな人いるんですか？」と答えました。

小論文でダントツ化して、スカ勝ちしている生徒さんは、皆さん非常に素直な子でした。一方で、牛山さんのことを信じきれませんなどと言っている人は例外なく、頭がいい子でも小論文の点数は低く、難関大学に不合格になっていきました。

小論文で点数を上げるのは簡単です。点数が取れる人の言うとおりに書くことです。そして、きちんと博士課程まで行っている人の指導を受けましょう。修士課程までは論文を書く素人です。

指導者をやたらめったら増やさずに、学術本で学ぶ

論文には書き方に規範があります。

そこから外れるとバカなんだなと思われます。

あるいは、単に不勉強なのか、能力が低いと思われてしまいます。

（そんなバカな）と思う人もいるかもしれません。しかし事実です。

大学の先生は一般的に、アカデミックライティングの規範から外れた文章を冷ややかな目で見ています。

あなたはルールを守っていないだけで内容はいいんだと思うかもしれません。しかし、ライティングの基本から外れているということは、論理的に書けていないということです。ですから、評価のしようがありません。内容が悪いということになってしまいます。内容とは、論理的整合性、経験的妥当性です。この点でダメ、アウトラインがダメということなら、知性がダメと評価されるということです。

（能力が低いのだな）と、ガッカリされてしまうのが実情です。

ですから、ここまでにアドバイスしたように、YouTubeやブログで論文の書き方を学んではいけません。素人が自信満々で間違ったことを教えているからです。その通りに書くと、あなたの評価が下がります。

この問題を防ぐのは簡単です。教えてもらう人をやたらめったら増やさないでください。論文の書き方を学ぶ……とニコニコ顔で本を手にとって学ぶ人は不合格になりがちです。指導者を増やしているからです。素人に学ぶとあなたの文章は素人になってしまいます。そこで、私がお勧めするのは、大学生が学ぶ「論文の書き方」系の学術入門的な本です。私は多くの小論文の本を書いています。私が書いた小論文の他の本は、あなたの問題を解決して点数を大きく上げるでしょう。私が書いた本以外の本を読みたい場合は、大学生が読む学術書を読んでください。このあたりについて、紙面の都合で、事情をすべて説明できないのは残念です。筑波大学の名誉教授の言葉を重く受け止めましょう。

評価の本質に慣れる

大学の先生が自由に書いた文章を評価しないとか、医療関係のお医者さんが、あなたが就職試験で書いた文章を評価しないのは、気に入らないな……と思う人もいるでしょう。そんな時、自分の知性に自信がある人は、（この先生、本当に頭がいいのかな?）などと考えています。自分が正しく、他の人がバカなんだと考える人は意外に多いものです。

もしあなたがそんな風に感じるのであればお勧めの対策が二つあります。

対策1：「プレバト」という人気番組を見る
対策2：学術書を読む

文章なんて自由に書けばいいんだと考えている人は、基準とレベルを知りません。

文章なんてどうでもいいと考えている人は、うまい人の文章を見てもどこがうまいのかが分かりません。

文章なんてどうでもいいと考えている人は、上には上がいるということが分かりません。

この問題を解決しなければ、あなたの文章はいつまでも下手なままです。

そこで、「プレバト」という番組を見ることを私はお勧めします。この番組では、様々な技能が先生によって審査され、点数付けされます。バラエティー番組なので、その点数に文句を言う人がおもしろおかしく発言するシーンもよく見られます。ところがどんなに文句を言ってもやはり低い点数には低いなりの理由があります。そのことが客観的に分かるということが大事です。

「俺の点数はこんなに低くないぞ」と言っているレベルの低い人が、いかにかっこうが悪いかということも分かるでしょう。また、自分のことではないので、あなたが見ても優劣に違いがあるのは冷静に眺めることができるでしょう。あなたが書く文章も同じです。同じように優劣をつけられているということです。

学術書を読むと、基準が分かります。何によって学術的な文章を評価しているのかについての基準を知ることで、あなたはその基準をクリアしようと努力するでしょう。また文章なんてどうでもいいという考えが愚かな考えだということにきも気づくでしょう。何事にも基本があり、物事の評価の背景には歴史があります。歴史にも文脈にも、学術にも、価値はないんだと考える人がいても、一定の機能性や新美性が世界中の人に評価された上で今の形（規範）があります。従って世界中でただ、一人あなただけが自分ルールで評価軸を作っても意味がないということが、学術書の学習で分かります。

批評家にならない

小論文が伸びない人の特徴は、批評家になっているところです。

小論文で伸びようと思ったら、先生や指導内容について批評を加えるのをやめましょう。教えられたことを素直に学び、あら探しをしない人が伸びます。

先生のあの部分が間違っている……と考える人は、ほぼ不合格になってしまいます。この手の考えの約9割は間違っています。また、仮に本当に間違いがあったとしても、あなたの受験には関係が無いことがほとんどです。

世の中には神様のような人はいません。

どんな先生にもあらはあります。

ところが、そのあらを探して指摘しても、結局一般的に先生のレベルはダントツに高いので、先生から学べば、あなたは伸びます。

あら探しをする人は、学ぶことをやめてしまいます。

結局レベルが低いままで、我流で取り組むと全く成長しなくなります。

点数は取れていない

自分に自信がある人は、自分の点数は8割くらいだと勘違いしていることが少なくありません。

「なぜそう思ったの?」と質問すると、「合格する人は8割くらい取れると思って」などと何の根拠もない回答が返ってきます。

合格する人でも小論文で8割取れる人はほとんどいません。

多くの合格者は65点くらいです。

65点の意味は、どうにもならないくらいどうしようもないことはないということであり、優れているから65点なのではありません。

どうにもならないレベルではないから、65点、しかし、レベルが低い試験で、あえて評価するなら相対評価で65点くらいにしてもいいというだけの話です。

その意味では、レベルが上がり、大学院、大学院博士課程などとなっていくと、学部レベルで65点なら、50点、30点、20点と下がっていきます。

難関大学に合格する人の点数は大学教員レベルから見れば、20点くらいということです。

そのため、誰もが点数は取れていないということです。

このような認識がなぜ大切なのでしょうか。99％程度の確率で、あなたには伸びしろしかないということです。何をやっても伸びます。

小論文が伸びない人は、人のアドバイスを軽視して、何もやらないことが少なくありません。自分はできていると勘違いするためです。

あなたが将来医師になろうと、関係はありません。まだまだ伸びます。（僕の将来の職業は医師なので、誰も僕に指導はできないと思います。）と考えると不合格になります。伸びしろしかありません。そのため、なるべく早く、指導者を選び、きちんと指導してもらうことが大切です。

必要なことをきちんと覚える

小論文を教えてもらったのにぜんぜんできない……意味がないことを教えてもらったんだと勘違いする人は、ほとんど何も覚えていません。

例えば、こんな時にどうしますか？　と質問しても、「…………」という具合に、指導内容をすっかり忘れてしまっていることがほとんどです。

つまり、指導内容がダメなのではなく、指導内容を軽視することで何も覚えてすらいないということが問題なのです。

指導内容を理解して、その後に記憶して、その後に教わった内容を練習し、指導を受けて、反省し、反省した上で考察してさらに記憶して、知識を入れて小論文は伸びます。

これらのステップの中で、記憶すらしない人は、当然伸びません。

前向きに取り組むということをやらず、教えを批判して、できないと決めつけて、どうせやっても意味がないんだなどと思い込むと伸びません。

あなたの実力はいくらでも伸びます。

本書も最低3回は繰り返し読み、大事だと思った部分には線を引いてください。その上で、線を引いた部分は何度も読みましょう。

場合によっては、部分的にノートを取ることも有効です。本書を読んだ後は、『小論文の教科書』『小論文技術習得講義』（エール出版社）牛山恭範著などを読みましょう。

「できる」「できない」の現象に一喜一憂しない

小論文が伸びない人の共通点は、「できない」という意味づけを現象に対して行う点です。他の人なら（できない）とは思わないことについても、（できない……だから意味がない）などと考えてしまうのが伸びない人の特徴です。

できるとか、できないなどということに意味も価値もありません。

自分が考えるできるとか、できないということに価値が無いということです。

うまくいかないことがあれば対処すれば解決します。そんな時でもできないから意味がないので何もやらないなどと考えてしまえば、すぐに成長がストップします。

「これから成長していく段階」の人が、今はできているとか、できていないなどと考えても意味がありません。

できていないなりにいいのか、できているけれども悪いのかが大切です。

書くことができていれば、できているわけではありません。あなたが自分で、点数が高いと考えたら、それができているわけでもありません。

そのようなことを考えるヒマがあれば、先生について一つでも多くの指導をもらうことが大切です。

大事なのはできるとかできないということ（意味づけ）ではありません。自分の至らない部分、未熟な部分を感じ取りながら、少しでもレベルアップすることを考えましょう。

すぐにスーパーマンのように、上手になることを考えるのではなく、コツコツとがんばることが大切です。

おわりに

Conclusion

優しい医療人に

本書では、看護・医療系の小論文の書き方をご紹介してきました。本書を手に取ったあなたは、合格力という点で、大きなアドバンテージを有しています。

ぜひ優しい医療人になってください。

私は幼い時から、あまり体が丈夫とは言えませんでした。病院に何度も通い、どこに行っても、なかなか病状はよくなりませんでした。

多くの医療機関に通う中で、私が心の救いに感じたことは、常に、医療人の優しさでした。この逆に、どんなに学歴が優れていても、優しくない医療人と出会った時には、大変つらい思いをした記憶があります。

肉体的にも、精神的にもつらい時には、ほんの僅かな優しさが大きな心の救いになることがあります。

あなたが将来就こうとしている職業は、大変意義があるお仕事です。

多くの人があなたの仕事によって、精神的に救われていくでしょう。

あなたが、将来医療人として、大活躍することを祈って筆を置きたいと思います。

ぜひ優しい医療人になってください。

【ご案内】スマートフォンで小論文を学ぶ「小論文添削ドクター」

「小論文のお医者さん」というコンセプトで、私が運営する会社では、「小論文添削ドクター」というソフトを開発しています。このソフトは、小論文の添削をオンラインのソフトでするというものです。

このソフトで添削された小論文の答案は、インターネット上でログイン後に確認できるウェブサイトで閲覧が可能になっています。

従って生徒さんは、スマートフォンやタブレットPC、ノートパソコンなどを利用して、外出先で小論文添削を学び直すことができます。

小論文の点数を最も簡単に引き上げる方法とは、小論文を添削してもらい、その添削コメントを読むことです。そこで、いつでもどこでも小論文を学ぶことができるツールを開発しました。このソフトを使って添削を受ける必要はありませんが、必ず「ペン入れをしてもらえる添削」を受けましょう。音声で添削をする学習機関もあるようですが、オススメしません。頭に残らないためです。

このような機能に加え、小論文添削ドクターには、「授業を処方する機能」があります。生徒さんの理解が不足している点について、添削者が関連動画を、医師が患者さんにお薬を処方するように、出すことができます。小論文の指導現場では、多くのケースで生徒さんの理解が浅くなりがちです。このことに気づき、私は生徒さんの理解度を引き上げるシステムを考案しました。読解が苦手な人には、読解の授業、論理が理解できていない人には、論理の授業、文章を短くできない人には、そのための授業、構文についての理解が不足している人には、構文の授業という具合いに、その人が不足している部分をピンポイントで補っていきます。

通学不要
100%オンライン
利用手順
①送る
②見る

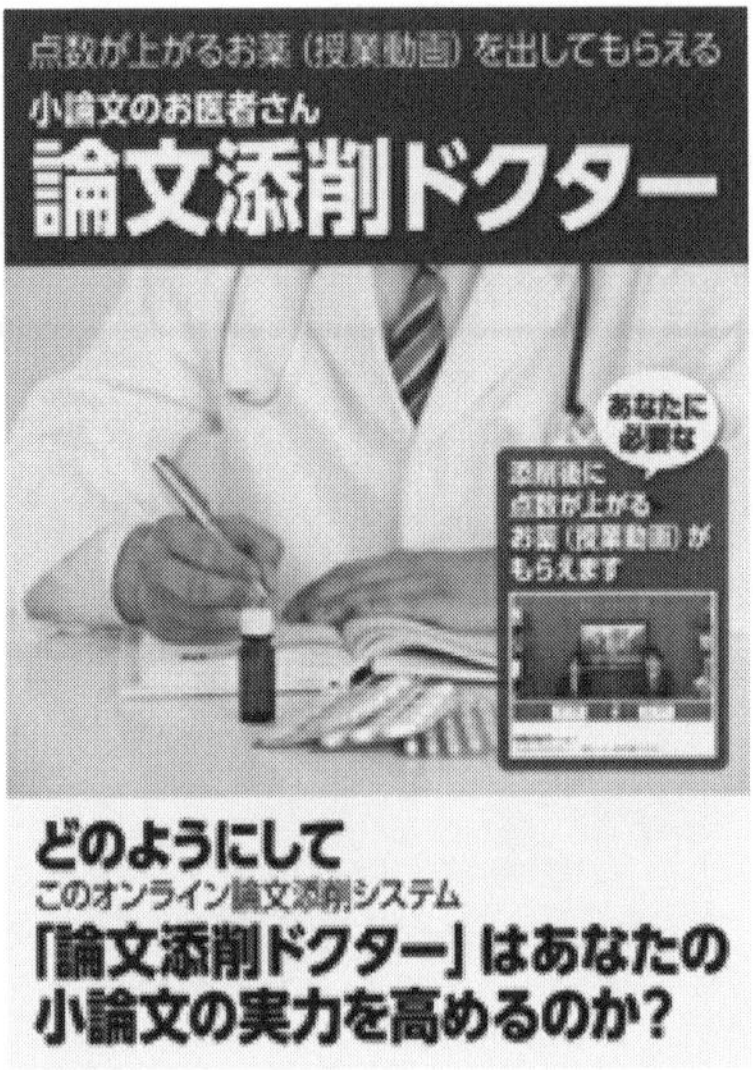
点数が上がるお薬（授業動画）を出してもらえる
小論文のお医者さん
論文添削ドクター
あなたに必要な
添削後に
点数が上がる
お薬（授業動画）が
もらえます
どのようにして
このオンライン論文添削システム
「論文添削ドクター」はあなたの
小論文の実力を高めるのか？

添削を希望される方へ

牛山が主催する文和会では以下の通信添削コースがあります。

何でも添削コース

志望校の過去問題を解いたものをお送りいただき、添削します。

実力養成のための入塾コース

長い期間で合格体質を徹底養成します。解説DVDを添削した答案と一緒にお送りします。

直前時期に戦力を養成する5回添削コース

試験までの時間があまり無い方向けの添削コースです。解説DVDを添削した答案と一緒にお送りします。

通信制小論文指導

小論文の授業受講コース・・・小論文添削1回付き【7日間プログラム】

小論文の書き方、思考方法、分析方法などを解説したDVD映像講義です。
時間が無い受験生向けにお薦めです。7日間で対策を完成させる事を狙いとしています。

慶應大学受験コース【慶應大学専用小論文DVD講座】

慶應大学を受験する人向けに、慶應大学用のハイレベルな対策をする事ができるように
解説をしたDVD映像講義です。同時に特殊な小論文に対する対応力を養成する事を狙いとしています。

小論文添削＋小論文指導

慶應クラス

慶應大学を受験する人専用の慶應大学受験に詳しい講師が解説、サポートする通信制の塾です。
詳しく内容を知りたい方は資料請求ください。

本書でご紹介したオンライン添削ソフト「小論文添削ドクター」は こちら ▼

【添削に関する情報】や【小論文に関する無料情報】が欲しい方は、ディジシステムのホームページ http://www.skilladviser.com/ へアクセスするか、右記のQRコードを読んでモバイル版ホームページへアクセスしてください。資料をお送りする事も可能ですが、情報量はホームページの方が多くなりますので郵送での請求はお勧め致しません。予めご了承ください。

DIJI SYSTEM ディジシステム

お問い合わせ・資料請求 086-208-3178（平日12〜17時） FAX 086-208-3156（24時間受付）

慶應クラスのご案内

この本の著者、牛山があなたの小論文を添削し、
記憶づくりのサポートをして、慶應大学に合格する事を
目指す「慶應クラス」という通信制の塾があります。

ご興味がある方は **①郵便番号 ②住所 ③氏名 ④電話番号** の
4点を記入して、下記までご連絡ください。詳しい資料と「本には書けない
慶應大学絶対合格法」をプレゼントいたします。

※件名に**「慶應クラス資料請求希望」**と忘れずに記入してください。

お電話の場合 **086-208-3178** 受付時間：平日12:00 ～ 17:00

FAXの場合 **086-208-3156**

メールの場合 **dijisistem@mx36.tiki.ne.jp**

※迷惑メールと判断され受信できない場合がございますので、お電話またはFAXでのご請求をお勧めいたします。

メールフォームを使う方は、
こちらのQRコードをご利用ください。

【著者プロフィール】

牛山恭範

・慶應義塾大学合格請負人
・スキルアップコンサルタント
・専門家集団Ａｌｌ ａｂｏｕｔスキルアップの担当ガイド
・株式会社ディジシステム 代表取締役
・ヤフー（Ｙａｈｏｏ）知恵袋 専門家回答者
・慶應大学進学専門塾『慶應クラス』主催者

慶應大学に確実（独自の合格理論的には99％）、かつ短期間で合格させる慶應義塾大学合格請負人。

慶應義塾大学合格の要である、小論文と英語の成績を専門家として引き上げるため、理系を除く全学部への合格支援実績がある。（学部レベルだけに留まらず、慶應大学法科大学院へ合格に導く実績もある。）短期間で人を成長させるための知見を活かし、教え子の小論文の成績を続々と全国10以内（TOP 0・1％以内も存在する）に引き上げる事に成功。12月時点で2つの模試でE判定の生徒を2ヵ月後の本試験で慶應大合格に導く実績もある。

自分自身も技術習得の理論を応用した独自の学習法で、数万項目の記憶を頭に作り、慶應大学SFCにダブル合格する（その手法の一部は『自動記憶勉強法』として出版）。同大学在学中に起業し、現在株式会社ディジシステム代表取締役。

より高い次元の小論文指導、小論文添削サービスを提供するためにも、世界最高の頭脳集団マッキンゼーアンドカンパニーの元日本、アジアTOP（日本支社長、アジア太平洋局長、日本支社会長）であった大前研一学長について師事を受ける。

ビジネスブレークスルー大学大学院（Kenichi Ohmae Graduate School of Business）経営管理研究科修士課程修了（MBA）。スキルアップの知見を用いることで、牛山自身の能力が低いにも関わらず、同大学院において、『東大卒、東京大学医学部卒、京都大学卒、東大大学院卒（博士課程）、最難関国立大学卒、公認会計士、医師（旧帝大卒）、大学講師等エリートが多数在籍するクラス』（平均年齢35歳程度）において成績優秀者となる。個人の能力とは無関係に「思考・判断力」「多くの記憶作り」等で結果を出すことができるスキルアップコンサルタントとしてマスコミに注目される（読売新聞・京都放送など）。他の「もともと能力が高い高学歴な学習支援者」と違い、短期間（半年から1年）で、クライアントを成長させることが特徴。

慶應合格のためのお得情報提供（出る、出た、出そう）ではなく、学力増加の原理と仕組みから根本的に対策を行う活動で奮闘中。

看護学部・医学部・看護
就職試験小論文対策を
10日間で完成させる本
増補改訂版

2017年12月20日　初版第1刷発行
2020年12月 5 日　改訂版第1刷発行

著　者　　牛　山　恭　範

編集人　清水智則／発行所　エール出版社
〒101-0052　東京都千代田区神田小川町2-12
信愛ビル4F
e-mail：info@yell-books.com
電話　03(3291)0306／FAX　03(3291)0310
＊定価はカバーに表示してあります。
＊乱丁本・落丁本はおとりかえいたします。

© 禁無断転載

ISBN978-4-7539-3492-8

★牛山恭範著作集

牛山慶應小論文７ステップ対策

慶應小論文５学部×20年＝100回分を徹底解析。各学部の出題予想テーマと問題の解き方、問題の作られ方と合格に必要な重要スキルを紹介。大好評改訂新版

ISBN978-4-7539-3403-4

小論文の教科書

東大、京大、東大大学院、医師、会計士、博士、難関国立大出身者が集まるMBAコースでTOPレベルの成績優秀者になった秘訣を伝授。大好評改訂新版

ISBN978-4-7539-3371-6

慶應小論文合格BIBLE

慶應SFCダブル合格の著者が公開する難関大学・難関大学院受験生にオススメ！　慶應小論文対策の決定版!!
大好評改訂４版

ISBN978-4-7539-3413-3

慶應SFCダブル合格の講師が解説 合格する小論文技術習得講義

慶應大学ＳＦＣほぼ満点！　ダブル合格講師が教える小論文の衝撃の真実。時間をかけずに力をつける、全く新しい書き方を公開。大好評改訂５版

ISBN978-4-7539-3367-9

◎エール出版社◎

本体各1600円（税別）

★牛山恭範著作集

慶應大学絶対合格法

慶應大学をめざすには歩むべき道がある。全国模試 10 位以内が続出する小論文指導で人気の著者が提唱する 6 アタック戦略とは？　大好評改訂 3 版

ISBN978-4-7539-3377-8

慶應 SFC 小論文対策 4 つの秘訣合格法

どうやれば、慶應 SFC の小論文で高い点数を取ることができるようになるのか、4 つの秘訣を公開。

ISBN978-4-7539-3399-0

AO 入試プレゼンテーション対策と合格法

一般入試・AO 入試の両方を受験すれば必ずあなたの超難関校への合格率が上がる理由を確率計算で詳しく紹介。学年ビリでも合格できる。

ISBN978-4-7539-3269-6

今からでも時間が無くても間に合わせる 勉強法・受験法

時間が無いあなたにもできる !!　小論文を鍛えて慶應大学・難関大学に合格した実例と勉強のコツ。

ISBN978-4-7539-3298-6

◎エール出版社◎

本体各 1600 円（税別）

★牛山恭範著作集

難関私大対策の急所

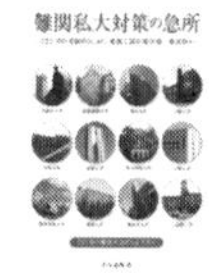

早稲田・慶應・GMARCH・関関同立に合格するための急所。
ここをを押さえれば難関大合格の可能性が大幅アップ!!

ISBN978-4-7539-3245-0

マンガで学ぶ面接

大学・高校・中学受験の基本。マンガを読むだけで点数がアップ⁉　そんな夢のような画期的面接対策本

ISBN978-4-7539-3463-8

近日刊

—東大・早慶に受かる小論文・グループディスカッション—

論証モデルと論理式を用いた高得点小論文解法集

小論文試験で 9 割得点し、東大卒以上の点数を取る講師が、全国模試 1 位の報告を 3 年連続でもらった牛山式解法を伝授。

■電子書籍■

遊びながらでもほったらかしで記憶する自動記憶法

子どもから大人まで自動記憶法で人生の新たなスタートが切れる。これが世界初の勉強革命・自動記憶法だ！

★本体 1300 円（税別）

◎エール出版社◎

指定外・本体各 1600 円（税別）

共通テスト完全対応版

受験の叡智
受験戦略・勉強法の体系書

「東大二回合格・理三合格」「東大理二主席合格」「東大文一合格」
講師による圧倒的結果に実証された～受験界最高峰の受験対策書～

【受験戦略編　～受験戦略編の読み方～】
【勉強計画編】
【勉強法編】
【日々の勉強への取り組み編】
【本番戦略編　難関大学に合格する本番戦略】
【勝利の女神はあなたに微笑む編】

四六判・並製・584頁・本体2000円（税別）

ISBN978-4-7539-3491-1

医学部受験の叡智
受験戦略・勉強法の体系書

東大医学部生の叡智を結集した医学部合格のための受験対策書

【受験戦略編】
【勉強計画編】
【勉強法編】
【志願理由書・面接対策編】
【本番戦略編】
【合格への決意編】
【番外編】

ISBN978-4-7539-3417-1

四六判・並製・368頁・本体1800円（税別）

合格の天使・著